쉼표,
중년에게 말을 걸다

서정희

차례

프롤로그

한 송이 꽃을 주고 싶다

내려갈 때 보았네
올라갈 때 보지 못한
그 꽃

고은이 쓴 시 〈그 꽃〉은 짧지만 깊은 울림을 준다. 이문재 시인은 〈그 꽃〉을 감상하면서 우리 시대를 진단한다.

> (한국에는) 어린이와 젊은이만 있다. 올라야 할 정상만 있다. 마흔 줄에만 들어서도 곳곳에서 찬밥 신세다. 내리막길에는 안내판도 없다. 진짜 꽃은 홀로 내려오는 하산 길에 피어 있다. 그런데 난감하다. 내리막길에서 발견한 이 꽃, 이 꽃을 누구에게 바치랴.

시인이 내려갈 때 발견한 꽃의 의미는 무엇일까? 올라갈 때 보려고 했던 것은 성공이라고 짐작한다. 그리고 내려갈 때 본 꽃은 행복의 꽃이 아닌가 싶다.

"진짜 꽃은 하산 길에 있다"고 이문재 시인은 말했다. 그 말에 공감하는 순간 문득 이런 물음이 생겼다.

'지금 나는 행복한가?'

한국의 중년에게는 행복이라는 단어가 어색하다. 나 역시 행복은 저 먼 곳, 나와 관계없는 곳에 있다고 여긴 적이 있었다. 내가 '이런 것이 행복이구나'라는 깨달음을 얻기까지는 오랜 세월이 걸렸다.

행복을 알려면 어떻게 해야 하나? 우선 '일'의 반대가 무엇인지 생각해보기를 권한다. '노는 것'이라고 답한다면 뭔가 문제가 있다. 논다는 것은 무엇인가? 이런 질문에 '할 일 없이 빈둥거리는 것'을 연상하는 사람도 행복과 거리가 멀다.

'일한다'의 반대말은 '논다'가 아니라 '쉰다'이다. 쉼은 나를 돌이켜보며 눈을 새롭게 뜨는 것이다. 내려가는 도중 꽃을 발견하려면 쉬어야 한다. 다시 말해 삶의 '쉼표'를 찾는 것이 행복을 여는 길이다.

내가 쉼표의 의미를 발견하기까지에는 몇 가지 조

짐이 있었다. 돌이켜보니 그런 조짐들은 낯선 여행지에서 만날 수 있었다. 첫 번째 조짐은 금강산 관광길에서였다. 해금강에서 남쪽을 보니 통일전망대가 보였다. 북쪽에서 남쪽을 보니 기분이 야릇했다. 그런 기분은 해금강 입구에서 이미 예고되어 있었다. 붉은 페인트로 쓴 '섰'이란 표지판을 보았을 때였다.

남쪽에서는 'STOP'이라고 쓰거나 '정지'라고 썼을 것을 북쪽에서는 '섰'이라는 한 글자로 썼다. '섰'을 보자 짜르르 전율이 흘렀다. 그동안 외면했던 한 단어가 화살처럼 심장에 박히는 것 같았다.

일만 강조하는 세상을 살다 보니 '노는 것'도 마치 전투처럼 하는 사람도 있다. 대기업에 다니는 어느 후배는 조용한 곳을 찾아 아무것도 하지 않고 그냥 잠만 자면서 휴가를 즐기고 싶었다. 그런데 아내가 반대했다. 아이 키우느라고 고생했고 당신 뒷바라지 하느라고 힘들었다. 할 만큼 했다. 그러니 나도 즐길 권리가 있다. 같이 가자! 사이판으로!

무어라 반박할 말이 없었던 그는 '이판사판 공사판 같은 세상, 쉬는 것도 사이판에 가서 쉬어야 하는구나'라는 심정으로 끌려갈 수밖에 없었다. 당연히 쉬지도 못하고 별 재미도 없이 다녀온 그는 아내가 고

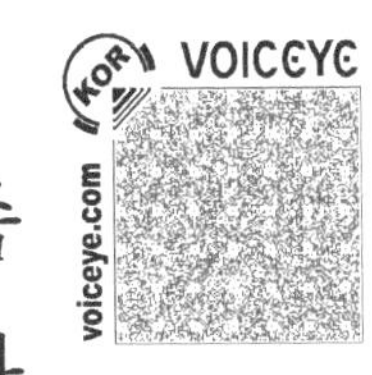

집 부린 이유를 뒤늦게 알았다. 아파트 아줌마들이 전부 사이판을 다녀왔기 때문에 왕따를 당하기 싫다는 것이었다.

'한 달만 쉬었으면! 아니, 그것도 안 된다면 일주일만 쉬었으면!'

바쁘게 사는 사람들 중에 이런 기대를 품는 이가 많다. 그러나 막상 그런 시간이 주어졌을 때 제대로 쉬거나 놀 줄 아는 사람은 드물다. 평소 놀아보지 않은 사람이 어떻게 갑자기 놀 수 있단 말인가.

쉬거나 놀지 못하는 사람들이 생각하는 삶은 거침없는 무한 전진의 삶이다. 그러나 현실은 그런 삶을 보장하지 않는다. 능력이 탁월하거나 재수가 좋아 그 대열에 낀 사람이더라도 중간에 재충전을 하는 쉼표가 필요하다.

이 책은 '섰'이란 경고로부터 시작하여 '섰' 이후 쉼표의 의미를 느낌표로 전달할 것이다. 이문재 시인의 말에 고개를 끄덕이면서 내가 발견한 쉼표의 의미를 한 송이 꽃으로 전해주고 싶다. 부디 행복하소서!

1장

둘러 가는 길

_젊게 살자

가요계 데뷔 40주년 공연 때 10년 뒤 데뷔 50주년 공연을 하겠다고 약속했지요. 지금 50주년 공연을 하면서 앞으로 10년 뒤 데뷔 60주년 공연을 약속할 수는 없지만 열심히 살겠습니다. 20년 전의 나는 내 인생의 피크였습니다. 10년 전의 나는 내 인생의 피크였습니다. 지금의 나는 내 인생의 피크입니다. 10년 뒤 그때도 내 인생의 피크가 되었으면 좋겠습니다.

_패티김(배우 김혜자와의 인터뷰 中)

민들레 홀씨처럼

어떤 이들은 인생이 무상하다 하는데 나에게는
인생이 너무나 감사하고 은혜로운 행복의 여정이었다.
덧없이 흘러간 세월이 나에게는 없었다.
어느 한순간도 내 마음의 뜨거운 신앙을
식힐 만한 일이 내 생애엔 없었다.
_김영실 《민들레 홀씨는 오늘도 날고 싶다》

별것 아닌 것처럼 살아도 새로운 화살을 맞을 때가 있다.

"이번 신학기에 강의 좀 맡아줄래?"

전화를 받아보니 옛 친구인 강 교수였다. 갑작스런 강의 청탁이라 얼떨떨했다.

'안양이라……. 안양은 내가 초등학교 4학년 1학기까지 다닌 곳이 아닌가!'

언젠가 한번 가봐야 할 텐데, 하는 생각을 여러 번 했던 곳! 하지만 미적미적 세월만 흘려보냈다. 그런데 매주 한 번씩 안양을 간다고 생각하니 목욕탕

온수 속으로 들어가는 것처럼 몸이 뜨뜻해졌다. 강의도 강의지만 친구와 대화를 나눌 수 있다고 생각하니 마음이 들떴다.

"강 교수를 보았을 때가 언제였지?"라고 중얼거리며 빨간 펜으로 달력에 동그라미 표시를 하고 나니, 뭔가 특별한 일이 있을 것 같기도 했다.

'다음 정거장은 안양초등학교 앞입니다.'

버스 정류장 안내 방송이 가슴을 찌릿하게 했다. 버스에서 내려 학교 쪽으로 걸어가 보았다. 어릴 적 학교 주변은 논이었는데 그런 흔적조차 남아 있지 않았다. 위치가 달라졌을까? 그런 의문과 함께 입학식 날이 파노라마처럼 펼쳐졌다.

'세상에! 나와 똑같은 아이들이 이렇게 많다니!'

초등학교 입학식 날, 놀람과 신기함으로 서 있던 나는 오르간 소리에 맞춰 무용을 했다. 나비야! 나비야! 선생님은 정말 나비처럼 몸이 날아가는 것 같았다. 그러나 내 몸은 조금도 나비 같지 않았다. 뭔가 어색하고 부끄러웠다. 무용을 하다 말고 멀뚱하게 서 있으니 갑자기 뒤통수가 뜨거웠다. 돌아보니 엄마가 걱정스러운 눈초리로 앞을 보고 따라하라는 손짓을 했다. 더 이상 도와줄 수 없다는 표시였다. 실

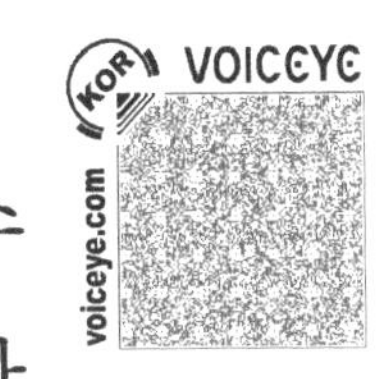

망스러운 마음으로 울상을 지었지만 어쩔 수 없었다. 양팔을 벌리고 다시 나비 같은 동작을 했다.

'나비야! 나비야! 이리 날아오너라!'

내가 정말 나비춤을 추던 그 장소에 온 것일까? 그때 그 장소가 맞는지 확인하지 않고는 배길 수가 없었다. 길모퉁이의 가게에 들어가 동네 이름을 물었더니 안양 5동이라고 했다.

"혹시 냉천동이라고 들어보셨는지요?"

이산가족이라도 찾으려는 듯 간절함이 배어 있는 목소리로 물었다.

"오래 산 사람들은 이 동네를 냉천동이라고 합디다. 저 아래 사우나도 냉천 사우나랍니다."

가슴이 뭉클했다. 어디를 헤매다 이제야 왔을까. 장년이 된 나는 시간을 역류하는 물고기처럼 흐느적거렸다.

"찾아오느라고 힘들지 않았어?"

"힘들지는 않았지만 옛 추억을 더듬느라고 좀 헤맸지."

"서 박사는 어린 시절을 안양에서 보냈지?"

"그뿐이 아니야. 이곳이 내가 즐겨 오르던 산언덕이더라구."

"감회가 대단했겠구먼……."

강 교수는 자리에서 일어나더니 이렇게 말했다.

"나를 따라와 봐!"

왜 그러나 싶어 따라나섰다. 강 교수가 데리고 간 곳은 건물 옥상이었다.

"안양을 조망하며 추억을 더듬어보라구!"

강 교수는 역시 생각이 깊은 철학 교수였다. 나는 금성방직이란 공장이 있던 곳, 여름철 물놀이를 하다가 '때때 말라라!' 노래를 부르며 고무신 말리기를 했던 곳, 화단 극장이 있던 곳, 한때 살았던 박달리, 코스모스가 만발하던 안양여고 앞길 등을 하나하나 짚어보았다. 그러나 아! 아파트가 많이 생겨 추억의 흔적은 아련하게 가물거렸다.

'춘삼월 공기는 옛날과 같은데 눈앞의 풍경은 어쩜 이리 다를까?'

둔갑이라도 한 듯 세상이 변한 것을 보니 마음이 얼얼해지면서 나도 모르게 그런 생각이 들었다.

"많이 변했지?"

"어리둥절해! 40여 년이란 세월의 힘이 동상처럼

스며드는 것 같아.”

더 오래 있다가는 감각마저 마비될 것 같아 맥이 빠지는 소리가 나왔다.

“그만 내려가지.”

다시 강 교수의 뒤를 쫓아 내려갔을 때 색다른 것이 눈에 띄었다. 처음 연구실을 찾을 때는 방 번호만 찾아서 갔는데 옥상에서 내려오면서 ‘한구석밝히기 연구소장실’이란 문패가 보였던 것이다.

“한구석밝히기가 뭐지?”

강 교수는 “이걸 보면 알 거야!”라며 책 한 권을 건넸다. 제목은 《민들레 홀씨는 오늘도 날고 싶다》였고, 작가는 안양대학 설립자인 김영실이었다. 강 교수와 이런저런 얘기를 나누고 집으로 돌아가는 전동차 속에서 책을 펼쳐보았다.

‘덧없이 흘러간 세월이 없었다.’

서문의 첫머리를 보는 순간 놀라지 않을 수 없었다. ‘어떻게 이런 자신감을 가질 수 있었을까?’라는 의아함으로 책을 읽어보니 일제시대에서 최근까지의 인생 고백이 펼쳐져 있었다. 격동의 시대를 살아온 만큼 파란만상한 인생이었다. 집으로 돌아와 남은 부분을 단숨에 읽고 나니 같은 시대를 살았던 소설가 선우휘가 떠올랐다. 김영실의 자전 에세이는 선우휘가 쓴 소설 《불꽃》을 논픽션 수기로 바꾼 것 같았기 때문이다. 불꽃의 끝부분이 떠올랐다.

> 고 노인의 손자인 현은 3.1 만세운동 때 아버지가 돌아가신 동굴로 피신한다. 공산주의자인 친구 연호가 인민재판을 하면서 동료 여교사의 부친에게 몰매를 때리는 것에 반항하고 도망친 것이다. 연호는 할아버지를 앞세우고 동굴로 찾아온다. 동굴 가까이에서 할아버지가 "현아! 너만은 살아야 한다" 라고 외치는 순간 총성이 들린다. 할아버지는 연호의 권총에 맞아 숨지고 현은 연호를 소총으로 쏘아 죽인다. 순간 현은 한 번도 기를 펴지 못한 채 살았던 과거를 깨닫고 생명이 살아 있다는 증거를 보이고 싶은 욕망을 느낀다. 그러자 자신을 억눌렀던 껍질이 무수한 불꽃이 되어 튀어 오른다.

나는 《불꽃》에서 아쉬운 점을 느꼈다. 주인공의 심리 변화가 모호했기 때문이다. 주인공 현이 학병으로 지내다가 부대를 탈출하는 동기가 선명하지 않고 공산주의를 반대하는 태도 역시 사적인 감정에 머물고 있다. 선우휘와 달리 김영실은 실제로 학병

을 다녀왔다. 그렇기 때문에 그는 《불꽃》의 주인공과 달리 내면의 고민이 뚜렷했고, 그의 고백은 생생하게 살아 있었다.

학도병으로 끌려가 만주에서 지낸 김영실은 어느 날 배를 타고 작전을 나가게 되었다. 그때 갑자기 중대장이 사령부에 남아 전화 당번을 하라고 지시했고, 지시를 받은 그가 배에서 내려 사령부 쪽으로 터덜터덜 돌아가던 중 놀라운 일이 벌어졌다. 미군 전투기가 기관선을 폭격하여 그가 보는 앞에서 250명이 모두 전사한 것이다.

목숨을 잃을 뻔했던 위기를 여러 번 겪은 사람이라 그런지 김영실은 생명에 대한 열정이 강했다. '이 세상에 다시 태어난다면?'이란 질문을 받으면 대개의 사람들은 과거와 다른 삶을 살고 싶다고 한다. 지금보다 나은 환경에 태어나고 싶다는 것이다. 그러나 김영실은 어느 곳에서 어떻게 태어나도 최선을 다해 한 번 더 살고 싶다고 했다. 바로 그것, 어디서나 최선을 다하며 민들레처럼 사는 것이 '한구석밝히기'였다.

젊었을 때는 강렬한 자극을 주는 작품이 좋았다. 그런데 나이가 드니 보는 관점이 달라졌다. 선우휘의 글은 형식은 좋으나 향기가 빠진 것 같은 반면, 김영실의 글은 형식은 투박해도 향기가 있었다. 그것이 불꽃과 민들레꽃의 차이였다. 인생을 민들레 홀씨로 볼 수도 있다는 것! 그것은 신선한 충격이었다.

둘러 가는 길

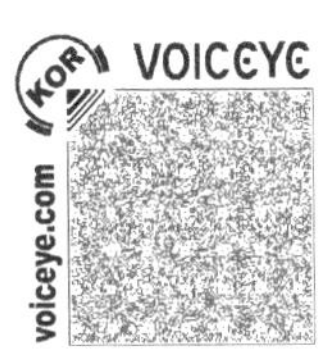

> 정말로 당신이 관찰하는 것이 '동일한' 세계인가? 당신의 대답이 '그렇다'이건 '아니다'이건 계속 자문해 보라. 어떤 의미에서 그럴까? 동일한 세계라고 말하는 것은 정확하게 무엇을 의미할까? 다르다고 하는 것은 무엇을 의미할까? 침대 또는 바닥 위에 누워서 보는 세계와 서서 보는 세계는 서로 연결될까? 어떤 방식으로? 두 세계를 연결하는 세계는 어디에 있을까? 그것은 믿음의 대상일까? 아니면 지각의 대상일까?
>
> **_로제-폴 드루아 《사물들과 철학하기》**

선우휘가 《불꽃》을 발표한 해는 1957년이다. 당시 심사위원 중에는 불꽃을 해방 이후의 최대 걸작이라고 평한 사람도 있었다. 대령 계급장을 단 군복을 입고 동인문학상 시상식에 참석한 선우휘는 그해 예편을 하고 입대 전에 다니던 신문사에 들어가 언론계의 거목으로 성장했다. 그럼에도 불구하고 그는 "2, 3년 먹을 것을 대주는 독지가만 나타난다면 편집국

장직을 포기하고 작가 노릇에 충실하리라"고 말한 적이 있다.

선우휘가 본격적으로 쓰고 싶었던 글은 따로 있었다는 생각을 하니 안타깝기도 했고 답답하기도 했다. 왜냐하면 그는 논객의 자리를 박차고 나와 대작을 쓰지 못했기 때문이다. 그래서 그는 《불꽃》이후 예광탄으로만 수놓인 문학을 연출했을 뿐이라는 평을 받기도 한다. 끊임없이 대문을 두드렸지만 그 문을 열지 못했다는 얘기다.

《불꽃》만큼이나 열정적이었던 사람이었지만 마음속으로 언론인과 작가 사이에서 아슬아슬한 줄타기를 했던 선우휘! 그의 인생은 하고 싶은 일에 집중한 삶이 아니었다. 그에 비해 김영실은 하고 싶은 일에 평생을 바쳤으니 진정 행복한 사람이었다. 게다가 그는 선우휘보다 22년을 더 살면서 많은 일을 할 수 있었다.

김영실과 선우휘! 두 사람 중 나는 어디에 가까울까? 작가가 되고 싶은 나는 선우휘에 가깝다. 10여 년 전 나는 프리랜서로 독립하면서 작가를 꿈꾸었다. 그런데 김영실의 자전 에세이를 읽은 후 작가에 대한 생각이 달라졌다. 그동안 나는 작가가 글을 잘 쓰는 사람인 줄 알았는데 그게 아니었다. 작가는 '남이 못 쓰는 그 무엇'을 쓰는 사람이었다. 이제 나는 부족한 글 솜씨를 탓하던 과거와 달리 내가 쓰고자 하는 주제를 생각한다. 또한 그럼으로써 '하고 싶은 일을 하면서 사는 길'을 꿈꾼다.

'하고 싶은 일을 하면서 살리라.'

누구나 이 같은 마음을 품는다. 하지만 어디 그것이 말처럼 쉬운 일인가. 김영실에게도 그것은 어려운 일이었다. 원래 그는 목사가 되려고 했다. 하지만 해방된 조국에 돌아와 미 군정청을 다녔다. 그곳에서 그가 한 일은 전국의 생필품 가격을 조사해서 통계를 내는 것이었다. 물가를 조사하는 과정에서 많은 비리를 접한 그는 고민 끝에 보람된 일을 해야겠다는 각오로 숙명여고 영어 교사가 되었고, 그러던 중 전쟁을 맞아 군인이 되었다.

김영실은 한때 정치에 뜻을 품고 출마도 했었지만 당선되지는 못했다. 그 후 경기대 교수로 지낼 때 서울농협 조합장을 맡아달라는 부탁을 받고 10억뿐이던 예금을 3년 후엔 170억 원으로 늘린다. 그러자 권력자들이 자리를 노려 영장도 없이 감옥에 가두고 사표를 종용했으며 중앙회에서도 온갖 트집을 잡았다. 아무 문제가 없었음에도 불구하고 그는 결국 조합장을 그만두어야 했다. 그런 일이 있고 나서 교육을 자신의 천직으로 삼게 되었다.

'역시 내가 갈 길은 교육뿐이야!'

이렇게 확신하기까지 그의 길은 둘러 가는 길의 연속이었다. 그래서 그는 교육의 길을 '영광을 바라보던 계절을 떠나 예정된 길을 가는 것'이라고 했다.

김영실이 교육에 전념하게 된 것은 우리 나이로 쉰두 살 때였다. 지금의 내 나이와 비슷하다. 그런데 나는 아직 뚜렷한 길을 찾지 못하고 있다.

일 중독자로 살았던 나는 서른여섯 살에 창업 이사가 되어 줄곧 정상을 향해 오르기만 했었다. 마흔 살 무렵 더 이상 바쁘게 살지 않겠노라고 결심하고 프리랜서가 되었지만 여전히 빨랫줄처럼 쫘악 뻗어 나가는 조급증이 있었다.

'모로 가나 둘러 가나 서울로 가기만 하면 된다'는 속담이 있다. 그런 말을 들으면서 나는 이왕이면 직선의 길을 가고 싶었다. 김영실의 자전 에세이를 다 읽고 베란다에서 담배를 무니 돌고 도는 인생길이 생각나면서 얼마 전에 보았던 둘러 가는 길이 떠올랐다.

개심사에 갔었다. 마음을 고친다는 개심改心이 아니라 마음을 연다는 개심開心의 절이다. 주변 산세와 풍광을 보면 '생긴 그대로의 절'이고 가람의 배치를 보면 유별난 구석이 없는 '있는 그대로의 절'이다.

입술을 깨물고 출가한 사람의 마음은 얼마나 비장할까? 절을 찾을 때면 도량의 서늘함이 쓸쓸할 때가 많은데 개심사는 그렇지 않았다. 그곳은 '원래 네 마음이 있던 곳이 바로 여기가 아니냐'라고 속삭이는 곳이다.

절로 들어가는 길목에서 마음을 씻는다는 세심동이란 표지석을 볼 때만 해도 그냥 하는 말이겠거니 했다. 그러나 일주문을 지나면서 마음이 꿈틀거렸다. 물이 찰랑찰랑 차 있는 연못이 보였기 때문이다. 연못을 건너는 외나무다리를 지날 때 속세를 떠나온 것처럼 마음이 가벼워졌다.

개심사에 가보자고 한 사람은 두마였다. 무슨 말이든 두 마디로 요약하기를 좋아해서 '두마'라는 별명을 얻은 그는 미대를 가려고 했을 정도로 감각이 탁월했다. 그런 점이 한때 화가를 꿈꾸었던 나와 같다. 하지만 우리 두 사람 다 미술과는 무관한 직업으로 살았다. 할 수 없다. 그리지 못하는 대신에 아름다운 장면이나 많이 보자! 그래서 우리는 '바구따'라는 이름으로 전국의 사찰들을 찾아다니기로 했다. 바구따. 그것은 '바'람이나 '구'름 '따'라 발길 닿는 대로 다닌다는 뜻이다.

연못가에서 두마가 말했다. 연못의 물이 줄면 거울 연못을 뜻하는 경지鏡池라고 쓴 작은 바위가 보인다고. 그러나 그것이 없어도 될 만큼 연못은 거울 같았다. 마음을 비춰보고 안양루에 오르는 길 역시 일주문을 지나 연못에 오는 길처럼 둘러 가는 길이었다. 한결 정갈한 마음으로 걸었다. 여러 번 둘러서 가면 마음도 저절로 열리는 것일까! 연꽃의 속살 같은 대웅보전 마당에 서니 극락을 찾은 사람처럼 저절로 두 손이 모였다.

'관세음보살 나무아미타불!'

수덕사의 말사로 충남 서산시 운산면 상왕산 자락에 있는 개심사. 그곳은 아담함과 아늑함, 포근함을 느끼게 한다. 그것은 아마 가람의 배치가 아이를 포대기에 싸안고 있는 듯한 절의 모습이기 때문이 아닌가 싶다.

개심사를 나와 해미읍성에 들른 후 시골 가게에서

막걸리를 마셨다. 여행 중에 잠시 쉬는 시간, 막걸리를 마시며 무심을 즐길 때, 내 눈에 둥근 박이 하나 들어왔다. 옛날 같으면 초가지붕 위에 열렸을 박이 지금은 어느 집 담 위에 달려 있었다. 놀라워라! 나도 모르게 마음이 둥근 박 속으로 빨려 들어가는 기분이었다. 신기한 것은 그 박이 떨어지지 말라고 누군가 짚으로 둥근 똬리를 받쳐두었다는 것이다.

인생은 이럴 수도 있고 저럴 수도 있는 둥근 모습이다. 그런데 나는 마음속에 직선을 긋고 살고 있었다. 개심사를 다녀왔기 때문일까. 내 생각을 말하며 담장 위의 박을 가리키니 두마는 그것을 '개심박'이라고 했다.

잘 영근 박을 생각하면 질투가 난다. 내가 자전에세이를 읽고 나서 담배를 문 것도 김영실에게 질투를 느꼈기 때문이리라.

'당신은 햇빛을 듬뿍 받아 튼실한 열매가 되었는데 나는 왜 이렇게 초라하지?'

담배를 다 피우고 나자 마냥 질투만 할 수 없다는 생각이 들었다. 개심사 대웅보전에 이르기까지 여러 번 둘러 가는 길이 있었듯이 김영실도 둘러 가는 길을 걸었기 때문이다. 그런 길을 통해 그는 민들레를 만났다. 나는 어떤 길을 얼마나 더 둘러 가야 한 송이 꽃을 만날 수 있을까?

행운아와 풍운아

정말로 완벽한 지도가 있어야 길을 떠날 수 있는 것은 아니다. 새로 시작하는 길, 이 길도 나는 거친 약도와 나침반만 가지고 떠난다. 길을 모르면 물으면 될 것이고 길을 잃으면 헤매면 그만이다. 이 세상에 완벽한 지도란 없다. 있다 하더라도 남의 것이다. 나는 거친 약도 위에 스스로 얻은 세부 사항으로 내 지도를 만들어갈 작정이다.

_한비야 《중국견문록》

일주일이 지났다. 관악산을 내려다볼 수 있는 교수 식당에서 강 교수가 물었다.

"민들레 홀씨 읽어보니 어땠어?"

"좋았어. 김영실은 행운아이자 풍운아더라!"

"폭탄을 피해 살아남은 행운아라는 거지?"

"맞아!"

"그럼 풍운아는 뭔가?"

"풍운아는 바람과 구름처럼 시대의 물결을 타는 사람이야. 그래서 그런 사람은 고민도 거창해. 대구에서 공군 장교로 지내던 시절 김영실은 국민이 굶기를 밥 먹듯이 하는 것을 보고 고민하지."

"공군 중위 봉급으로 네 가족 살림도 빠듯한 사람이 민족의 굶주림을 생각한다는 것이 보통 사람의 일은 아니지."

"그때 산양을 키우기로 하면서 했던 상상이 대단해. 1년 후에 네 마리 새끼를 낳고 그 새끼가 다시 1년 뒤에 새끼를 낳아 10년 뒤에 5백 마리가 되고, 그 5백 마리가 다시 10년 뒤면 5백 마리씩 새끼를 낳아 25만 마리로 불어난다는 거야. 한 마리의 양으로 25만 마리의 양을 예상한다는 것이 신기하지 않아?"

점심 식사가 끝나자 강 교수는 산보를 하며 봄기운을 쐬자고 했다. 운동장에는 학기 초의 신선함이 아지랑이처럼 피어오르고 있었다.

"서 박사가 보기에 요즘 젊은이들의 우상은 누구인 것 같아?"

"글쎄? 젊은이들의 감각은 하도 빨리 바뀌니까 꼬집어 말하기 어렵지. 그래도 '바람의 딸'이라는 별명을 가진 한비야는 우상이 아닐까? 그런데 왜 그런 말을 하지?”

“한구석밝히기를 소개할 젊은 주인공이 필요해서 그래!”

“그렇다면 한비야야말로 남이 못하는 여행을 하니 풍운아이자 행운아 아닌가?”

강 교수는 행운아니 풍운아니 하는 말보다 더 어필하는 말을 찾고 싶다고 했다. 요즘 젊은이들은 훌륭한 사람보다 돈 많이 버는 사람에게 더 많은 관심을 갖는다고 하면서.

“잠재력을 살려 꿈을 키우는 것도 한구석밝히기 아닌가?”

“그렇기도 해. 그 얘기는 나중에 하기로 하고, 오랜만에 강의해보니 어때?”

“강의야 기업체 특강도 하기 때문에 특별하지 않아. 그런데 이곳에 오니 봄이 나에게 말을 거는 것 같아.”

“그럴 만할 거야. 옛날에 뛰놀던 곳이니까.”

“지난 세월이 녹아내리는 것 같아서 약간 어지러워.”

“그런 게 고향의 힘이 아닐까?”

“글쎄 말이야. 흩어진 점들을 누군가가 하나의 중

심으로 모아주는 느낌이야."

"현대를 유목민 시대라 여기는 사람도 있더라. 말이 좋아 유목민이지 사실은 난민처럼 살지. 여기저기 쫓기듯이 살고 있으니. 그러다 보니 옛 추억을 잃어버리는 거야. 주변을 보면 많은 사람이 기억상실증을 겪고 있어. 게다가 개발이란 이름으로 과거의 흔적마저 없애버렸잖아. 고향은 정신이 싹트는 온상 같은 곳인데, 뒤늦게나마 고향을 찾은 서 박사는 축복받은 사람이야."

축복이라니, 그런 단어가 내게도 해당될까? 그러나 달리 반박할 말이 없었다. 앞만 보고 살다가 이제 자신을 돌아볼 수 있게 되었다는 것도 축복이라면 축복이겠지…….

"강 교수는 축복이라는 단어가 어색하지 않아?"

"그럼! 생각 하나만 바꾸면 축복으로 느낄 일이 많지 않겠어!"

강 교수의 말은 마음을 파고드는 울림이 되었다. 어디였더라? 그런 울림을 느낀 곳이. 그 순간 개심사에 갔을 때 들었던 목탁 소리가 생각났다. 고향 집에 온 기분으로 주변을 둘러보던 중 슬픔에 짓눌린 외마디 비명이 들렸다. 젊은이 몇 사람이 화장한 유해를

안고 와서 장례를 치르던 순간 '아이고! 내 새끼!'라는 한탄이 들려온 것이다.

두 번 다시 부르지 못할 자식을 '아이고 내 새끼!'라고 마지막으로 불러보는 어머니의 마음을 누가 알까? 이윽고 염불 소리와 목탁 소리가 이어졌고 나는 하늘을 보았다. 아무 일도 없었다는 듯이 마냥 푸르고 빈 하늘이었다. 목탁 소리와 염불 소리도 잠깐일 뿐, 절간은 어느새 정적만 흐르고 있었다. 행운아란 단어를 떠올리면서 나는 이런 생각을 했다.

'아픔이나 슬픔을 온전히 느끼는 사람도 행운아가 아닐까?'

시련과 축복

네가 어디로 젖혀지건, 어디로 떨어지건 내 손이 너를 받들어준다. 중요한 것은 네가 내 안에 머물며 내 사랑을 기리는 것이다. 알겠니?

_백 젬마마리 《예수오빠께서 누이야 부르시면》

살다 보면 인생이 새롭게 보일 때가 있다. 이제 와서 생각하니 내가 행운아란 말을 들었을 때가 그랬다. 그러고 보니 인생을 새롭게 본 사람들에게는 한 가지 공통점이 있다. 우연 같은 한순간이 있었다는 것.

1978년에 마흔여덟이 된 미국 남자가 있었다. 세계적인 은행의 선임 부사장이었던 그는 성공했지만 더 큰 성공을 꿈꾸었다. 그러던 중 컨디션이 안 좋아 검진을 받았는데 폐암이라는 진단이 나왔다. 그리고 며칠 뒤, 검진 결과에 대해 다소 미심쩍어 하던 주치의가 배양 검사를 해보자고 했는데 다행히 폐암이

아니라 폐결핵이었다. 그런 일을 겪자 그는 성공 대신에 의미 있는 일을 하기로 마음먹었다.

그는 평생을 성공에 대한 두려움으로 살았다. 무슨 일이든 목표를 정해 성취했고 그 목표에 도달하는 순간 다른 목표를 세웠다. 누군가 자신에게 성공했다고 하면 언제나 '아직'이라고 반박했다.

그는 왜 성공에 집착했을까? 그는 심리 분석을 받으면서 기쁨을 안겨 드릴 수 있는 어머니가 돌아가셨기 때문에 무엇을 얻더라도 충족되지 못했다는 사실을 알게 된다. 그런 깨달음이 생기자 그는 더 이상 자신을 닦달하지 않았고, 남의 성공을 칭찬할 뿐만 아니라 자신의 성공도 기꺼이 받아들일 수 있었다. 그 주인공이 바로 《2막》이란 책을 쓴 스테판 M. 폴란이다.

2005년 4월, 가수 조영남은 구설수에 오른 적이 있다. '한국인이 독도 문제에 민감한 것은 일본이 한 수 위이기 때문'이라고 말한 것이 발단이었다. 이후 그의 모든 방송 출연이 금지되었고 칼럼 연재도 취소되었다. 그때 조영남은 자신을 옹호하지 않았다. 앞뒤를 자른 채 일부만 부각한 비난에 대해 따지지도 않았다.

'아! 세상은 내 맘대로 노는 곳이 아니구나!'

그런 생각을 하면서 그는 인간 조영남을 찾을 수 있었다. 요즘 조영남은 이런 말을 한다.

"큰돈을 들여서라도 벼락같은 시련을 겪을 필요가 있다."

시련을 맞으려고 일부러 돈을 들이려는 사람은 없을 것이다. 다만 시련에 놓일 때 그 의미를 되새길 필요는 있다. 시련의 의미는 무엇일까? 아이가 흙구덩이에서 신나게 놀다가 집에 들어왔을 때, "노느라고 힘들었으니 어서 밥 먹어라!"라고 말하는 엄마가 있을까? 천만의 말씀. "깨끗이 씻고 밥 먹어라!"라고 한다. 그렇듯이 지난 일을 깨끗이 씻어내고 새로운 길을 걸으라고 하늘은 우리에게 시련을 선물한다.

시련은 아주 엉뚱하게 찾아오기도 한다. 한창 일할 나이인 서른여섯 살에 연기 생활을 중단해야 했던 배우가 있었다. 그는 한국에서 더 이상 살 수 없겠다고 여겨 이민 서류까지 준비했다. 당장 먹고사는 일이 급해 방앗간을 차려 기름 장수를 하며 배달을 하기도 했다. 18리터 식용유를 하나 팔면 천 원이 남는데 그것을 벌려고 5층 건물 계단을 오르내려야 했으

니 하나님을 붙들고 따지고 싶은 심정이었다.

'도대체 제가 무슨 큰 죄라도 지었단 말입니까?'

그는 바로 탤런트 박용식이다. 문제가 된 것은 전두환 대통령과 비슷하게 생긴 용모였다. 4년간의 공백을 딛고 복귀한 그는 이전보다 더 많은 인기를 얻었다. 한때 실의에 빠졌던 경험을 거울삼아 지금은 자동차 차체 손상을 보수하는 회사의 회장이 되었다. 시련이 그를 두 번 사는 주인공으로 만들어준 것이다.

거듭나는 길은 멀리 있을까? 아니다. 그것은 남에게만 있는 기회가 아니다. 무거웠던 자기를 내려놓고 쉬는 순간, 꽃이 보이듯 나를 새롭게 발견할 수 있다. 도종환 시인의 〈축복〉이란 시도 그렇게 속삭인다.

이른 봄에 내 곁에 와 피는
봄꽃만 축복이 아니다
내게 오는 건 다 축복이있다

뼈저리게 외롭고 가난하던 어린 날도
내 발을 붙들고 떨어지지 않던
스무 살 무렵의 진흙덩이 같던 절망도
생각해보니 축복이었다
그 절망 아니었으면 내 뼈가 튼튼하지 않았으리라
세상이 내 멱살을 잡고 다리를 걸어
길바닥에 팽개치고 어둔 굴속에 가둔 것도
생각해보니 영혼의 담금질이었다

한 시대가 다 참혹하였거늘
거인 같은 바위 같은 편견과 어리석음과
탐욕의 방파제에 맞서다 목숨을 잃은 이가 헤아릴
수 없거늘
이렇게 작게라도 물결치며 살아 있는 게
복 아니고 무엇이랴

육신에 병이 조금 들었다고 어이 불행이라 말하랴
내게 오는 건 통증조차도 축복이다

죽음도 통곡도 축복으로 바꾸며 오지 않았던가
이 봄 어이 매화꽃만 축복이랴
내게 오는 건 시련도 비명도 다 축복이다

마음의 씨앗, 쉼표

풀잎 속에 낮게 낮게 몸을 낮추고
내가 일생을 다하여 슬퍼한 것은
아직 눈물이 남아 있어서가 아니라
아직 희망이 남아 있었기 때문이다
_정호승 《밤길에서》

"한구석밝히기가 어떻게 민들레 정신이 되었을까?"

어느 날 내가 강 교수에게 물었다. 한구석밝히기란 말은 역사에서 비롯되었지만 민들레 정신만큼은 김영실이 주창자라고 생각되었기 때문이다. 강 교수는 한구석밝히기란 역사적 사실이 개인 인생에 투영되면서 민들레꽃을 피운 것이라고 했다.

지금부터 2천 4백 년 전, 춘추전국시대의 위나라 왕은 자기 나라에 큰 보석이 열 개나 있는데, 그것들이 내뿜는 빛은 열두 대의 수레가 어둠 속을 달리게 할 만큼 밝다고 자랑한다. 그 말을 들은 제나라 왕은 "우리나라에는 그런 보석은 없으나 나라의 각 구석을 밝히는 네 명의 신하가 있다"고 말한다. 그들이 다스리면서 먼 나라의 사신들이 조공을 바치러 오고, 길에 떨어진 물건을 주워 가는 사람이 없을 정도로 치안이 잘되고 있다면서. 그러자 보석 자랑을 했던 위나라 왕은 슬그머니 자리를 피한다. 인재야말로 나라의 보물이라는 이 이야기를 사마천은《사기史記》에 실었다.

같은 이야기도 받아들이기에 따라 의미가 달라진다. 메이지 천황은 한구석밝히기를 무슨 일이든 맡은 일에 최선을 다해 최고의 성과를 거두는 교육 이념으로 삼았다. 그런데 그 가르침은 백제 사람으로 일본에 귀화한 최징이 전해준 것이라고 한다. 사마천이 기록한 이야기는 백제인 최징을 통해 일본의 교육 이념이 되었는데, 김영실은 그 사실을 예순이 넘어서 듣는다.

1982년 일본은 세계시장의 주인공으로 화려하게 부각하고 있었다. 패전국 일본이 40년 만에 경제 대국이 된 비결을 궁금하게 여겼던 김영실은 어느 날 일본인 친구로부터 한구석밝히기를 듣고 크게 감명

받았다.

'그렇구나! 교육이 일본을 부흥시켰구나!'

이런 깨달음을 얻은 김영실은 한구석밝히기를 최고가 되는 길잡이를 넘어 어려운 환경에서도 절망하지 않고 이겨낸다는 도전 정신으로 삼았다. 당시 그의 마음속에는 반드시 일본을 이기고야 말겠다는 투지가 있었다. 김영실은 그 정신을 실천하였고, 10여 년이 지났을 때 한구석밝히기는 민들레 정신이 된다.

60대 초반의 나이에 정신운동을 펼친 인물, 김영실은 영적인 에너지를 추구하는 사람이었다. 영적인 에너지는 삶의 방향성을 제시한다. 교사 시절 그는 학생들이 "왜 공부를 해야 하나요?"라고 물었을 때 답이 궁색했다고 한다. 그런 경험이 있었기에 한구석밝히기를 교육 이념으로 전파하고 싶었으리라.

인생은 대개 10년을 주기로 변곡점을 맞는다고 한다. 그래서 40대, 50대, 60대마다 변곡점이 있다. 김영실은 40대 초반 정치의 문을 두드리는 변신을 했지만 실패했고, 50대 초반 권력에 시달리다가 아예 교육에 전념하기로 했고, 60대부터 교육 이념으로 한구석밝히기를 전파했다.

나는 김영실의 자전 에세이를 읽으며 선우휘와 김영실을 비교해보던 중, 강 교수와의 대화를 통해 시련과 축복의 의미를 정리했다. 지난날의 나는 지나치게 확대된 시련과 점으로 축소된 축복 사이에 있었다. 그런데 한구석밝히기를 확실하게 알게 되면서 생각이 달라졌다. 시련이 많다고 여겼을 때 나는 도피를 그리워했지만, 나에게 시련 못지않은 축복도 있다는 걸 알게 되자 새로운 도전을 하고 싶어졌다.

'이 나이에 무슨 도전?' 하는 불안도 약간 있었다. 도전을 하자니 겁이 나고 도피를 하자니 아쉬움이 생겼다. 그런 가운데 나이가 들어서 도전한다는 의미는 '꼬부림'이 아닌가 하는 생각이 들었다.

바둑을 두는 사람은 꼬부림이 빈삼각이라는 것을 안다. '날 일 자'로 뻗어라! 바둑을 배울 때 그렇게 배운다. '뻗는 수에 악수 없다'는 말로 한 칸 전진을 강조하기도 한다. 그러나 빈삼각은 뻗는 것이 아니라 삼각형의 한 변을 비우듯이 움츠리는 것이다.

누구나 꼬부려야 할 때 초라하게 보이는 것을 의식한다. 그러나 남이 나를 어떻게 보느냐보다 내가 나를 냉철하게 보는 것이 더 중요하다. 그래서 바둑의 고수는 '꼬부림의 미학'을 아는 사람이라고 한다. 이

창호가 위대한 것은 모양에 구애받지 않고 남들이 꺼리는 빈삼각을 태연하게 두기 때문이다.

꼬부림은 나를 움츠리는 비겁함이 아니라 조금 쉬면서 세상과 통하는 문을 여는 쉼표와 같다. 그것은 미래를 내다보는 숨고르기이다. 그래서 꼬부림은 더 큰 도전을 위한 예비 동작이 된다.

쉼표를 보통 콤마라고 표현한다. 콤마는 아이가 엄마의 치마폭으로 숨는 모양이다. 사람들은 책을 읽다가 이 모양이 나오면 한 호흡을 쉰다. 액수가 많은 돈을 계산 할 때도 천 단위로 찍힌 콤마를 보면서 한숨 돌린다. 콤마는 '작은 나'가 '큰 나'로 변신하는 정거장이다.

젊게 산다는 것이 마냥 앞만 보고 달린다는 것은 아니다. 엄마 배 속에서 자라는 태아처럼 새로운 탄생을 위해 첫 마음으로 돌아가는 것! 그것이 바로 마음의 씨앗을 찾는 꼬부림이다.

누가 첫 마음의 주인공이 되는가? 나는 그 예로 영화 〈서편제〉의 주연 배우 오정해를 소개하고 싶다. 어린 나이에 가방 하나 달랑 들고 서울로 왔다는 그녀는 이제 꽤 많은 풍요를 누리고 있지만, 가방 하나 들고 올라왔던 그 시절을 잊지 않고 늘 감사하면서 매사에 최선을 다한다고 한다. 마음의 씨앗인 첫 마음을 잃지 않는 오정해의 마음이 아름답다.

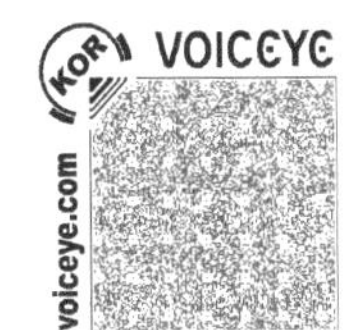

2장

믿음의 길

_나부터 변하자

황혼의 나이가 되었을 때 나는 마지막 시도로 나와 가장 가까운 내 가족을 변화시키겠다고 마음을 정했다.

그러나 아무도 달라지지 않았다.

이제 죽음을 맞이하기 위하여 누운 자리에서 나는 문득 깨달았다. 만일 내가 나 자신을 먼저 변화시켰더라면 그것을 보고 내 가족이 변화되었을 것을. 또한 그것에 용기를 얻어 내 나라를 더 좋은 나라로 변화시킬 수 있었을 것을.

_어느 성공회 대주교

(웨스트민스터 대성당 지하 묘지에 있는 글의 일부)

자기 각성

자기의 무지를 모르는 사람은 어리석은 사람이다.
—가까이하지 마라.
자기의 무지를 아는 사람은 배움이 없을 뿐이다.
—가르쳐주어라.
자기의 지혜를 모르는 사람은 잠에서 깨어나지 못한다.
—깨어나게 하라.
자기 지혜를 아는 사람은 현자이다.
—따르라.

_아랍 격언

사람의 인연은 신비롭다. 강 교수와 나는 중·고등학교 동창으로 남다른 추억이 있다. 고등학생 시절 문학청년으로 백일장에도 같이 나간 우리는 공부에만 매달리는 여타 친구들과는 달리 인생을 논하며 초연한 척하기를 좋아했다. 그런 그를 졸업하고 나서 10년이 지났을 때 종로 거리에서 우연히 만났다.

"아니?"

"이게 누구야!"

놀랍고도 신기한 만남이었다. 그때 나는 만남의 기쁨을 순간으로 돌려야 하는 말을 들었다. 바로 다음 날 독일로 유학을 떠난다는 것이었다. 만나자마자 이별이라니. 그냥 헤어지기 아쉬웠던 나는 그를 회사 신용협동조합에 데리고 가 기념이 될 만한 상품을 고르라고 했다. 그때 그는 가장 값이 싼 컵을 고르고는 이렇게 말했다.

"자네 성의를 생각하며 가까이 두고 쓰겠네!"

그때 나는 아쉬움을 이렇게 표현했다.

"이 사람아! 값나가는 것으로 좀 고르지 않고……."

강 교수와의 재회는 미리 짜인 프로그램이 펼쳐지듯 전개되었다. 어느 날 강 교수가 뜻밖의 제안을 했다. 김영실을 모델로 리더십 프로그램을 개발하게 되었으니 아이디어를 좀 달라는 것이었다.

"뭐라고? 리더십 프로그램을 개발한다고?"

아이디어를 내는 것은 둘째 치고 철학자인 강 교수가 리더십 프로그램을 개발한다는 것이 의외였다.

김영실이 리더십의 주인공이 된다? 그러고 보니

김영실을 오래전부터 알고 있었던 것 같다는 생각이 들었다. 나는 어린 시절 안양에서 살면서 양젖을 먹어본 경험이 있다. 그때는 양젖을 작은 콜라병에 담아서 팔았는데, 양젖을 만든 주인공이 바로 김영실이었다. 그 사실을 40여 년이 지나 알게 되었으니 놀라지 않을 수 없었다. 그런데 이제 내가 그를 주인공으로 리더십 프로그램 개발에 발을 들여놓게 된 것이다.

나는 한구석밝히기 리더십이 자기 통합의 리더십이 되어야 한다고 생각했다. 자기 통합은 더 넓게 세상을 보면서 그에 맞는 일을 하는 것이다. 그러자면 나를 새롭게 깨닫는 자기 각성이 필요하다.

어린 시절 김영실은 무악재 고개를 넘다가 소달구지를 끄는 한 노인과 지나친 일이 있는데, 그 노인은 계속 뒤를 돌아보며 김영실을 바라보았다. 그날 그는 그 어른의 표정을 잊을 수 없어서 많은 생각을 한다. 당시는 교복을 입은 학생이 드물어서 선망의 대상이 되었을지도 모르지만 그것만으로 설명할 수 없는 의문에 사로잡힌다. 마침내 그는 노인이 자신에게 민중을 구하라는 기대를 보였다고 생각하고 남을 위해서 살리라는 신념을 세우고 열심히 공부한다. 중학생 때의 일이었다.

내가 보는 나와 남이 보는 나 사이에는 분명한 거리가 있다. 자기 각성을 한다는 것은 그 두 가지를 통합하는 일이다. 남이 나를 큰 사람으로 보게 하려면 내가 먼저 나를 크게 생각해야 한다. 그 주인공으로 백범 김구 선생을 들 수 있다. 《백범일지》의 한 구절을 소개한다.

> 내가 정신을 차리는 것을 보고 왜놈은 비로소 나와 안명근과의 관계를 묻기로, 나는 안명근과는 서로 아는 사이나 같이 일한 것은 없다고 하였더니 그 놈은 와락 성을 내어서 다시 나를 묶어 천장에 달고 세 놈이 둘러서서 막대기로 단장으로 수없이 내 몸을 후려갈겨서 나는 또 정신을 잃었다. 세 놈이 나를 끌어다가 누일 때에는 벌써 훤하게 밝은 때였다. 어제 해질녘에 시작한 내 심문이 오늘 해가 뜰 때까지 계속된 것이다. 처음에 내 성명을 묻던 놈이 밤이 새도록 쉬지 않는 것을 보고 나는 그놈들이 어떻게 제 나라에 충성하는지를 알았다. 저놈은 이미 먹은 나라를 삭히려고 밤을 새는데 나는 내 나라를 찾으려는 일로 몇 번이나 밤을 새웠던고! 스스로 돌아보니 부끄러움을 금할 수가 없고 몸이 바늘방석에 누운 것과 같아서 스스로 애국자인 줄 알고 있던 나도

기실 망국민의 근성을 가진 것이 아닌가 하니 눈물이 눈에 넘쳤다.

리더십 프로그램은 본받고 싶은 모델을 알기 쉽게 제시하는 것이다. 그러자면 한 위인을 무조건 닮으라고 할 것이 아니라 자신이 그런 사람처럼 되었을 때 얻는 만족을 알려주는 것이 중요하다. 똑같은 물건도 어떻게 쓰느냐에 따라 가치가 달라지듯이 리더십도 내가 나를 쓰는 길잡이가 되어야 하기 때문이다.

옛날 혜자라는 인물이 위왕으로부터 큰 박씨를 받아 다섯 섬이 들어갈 큰 박을 열리게 한 적이 있었다. 거기에 물을 부었더니 부서질 것 같아 두 쪽으로 쪼개 표주박을 만들었는데 펀펀하고 얕아서 많은 물을 담을 수 없어 결국 깨어버렸다. 장자는 그 얘기를 듣고 이런 말을 했다.

"자네가 다섯 섬들이 박을 깨어버린 것은 쓰는 방법을 몰랐기 때문이라네. 왜 그것으로 커다란 술통을 만들어 강호에 띄워 유유히 놀아볼 생각을 하지 않았는가?"

강 교수와 나는 한구석밝히기를 리더십 프로그램

으로 구상하면서 사람들에게 쓰임이 되는 길을 찾아보았다. 그러던 중 김영실을 따르면 행복하게 살 수 있다는 점을 부각하기로 했다. 그래서 우리는 행복의 조건을 살펴보았고 그런 가운데 자기 알기의 방법도 찾아보았다.

세상에는 되로 배워서 말처럼 쓰는 사람도 있고 말로 배워서 되만큼도 못 쓰는 사람도 있다. 안다는 것과 쓰임은 그렇게 큰 차이가 난다. 장자는 그런 예를 이렇게 소개한 바 있다. 옛날 송나라 사람 중에 손이 트지 않는 약을 만들 줄 아는 사람이 있었다. 그 약 때문에 백성들은 대대손손 겨울철에도 빨래를 할 수 있었다. 어느 날 지나가던 나그네가 그 약방문을 백금을 주고 샀다. 그러고는 오왕을 찾아가 그 비법을 월나라와 수전을 할 때 쓰자고 설득했다. 겨울 빙판에 월나라 군대와 수전을 벌린 오나라 군대는 그 약 때문에 전쟁에서 이길 수 있었다. 그 공으로 나그네는 넓은 땅을 하사받았다. 똑같은 약이지만 어떤 사람은 빨래질을 면하는 가치만 누렸는가 하면 어떤 이는 큰 땅을 얻었다.

한국에 소개되는 수많은 리더십 프로그램들은 대부분 외국인을 모델로 하고 있다. 한국에도 바람직

한 리더의 모델이 많을 텐데도 말이다. 그런 생각으로 우리는 리더십 프로그램을 만들었다. 이제 와서 생각하니 그때 그 일은 나를 새롭게 각성시키는 하나의 과정이 되었다.

두 얼굴의 남자

> 모든 가족 관계는 스트레스이다. 꼭 장남이 아니라도 가정을 꾸리고 가장으로서 책임을 진다는 것이 정말로 쉬운 게 아니다. 자식이고 마누라고 제 한 몸 하고 싶은 대로 살자고 마음먹으면 모든 가족 관계가 구속이 된다.
> **_윤영무 《대한민국에서 장남으로 살아가기》**

안팎이 완전히 조화를 이룬 사람은 드물다. 인도의 영웅인 간디만 해도 자식과 의절하고 지냈고 발명왕 에디슨은 고집이 세서 자식들을 학교에 보내지 않았는데 그 일로 아내는 자살을 했고 자식들은 방탕자가 되었다. 링컨 대통령은 나라를 다스리는데 탁월했지만 집안을 다스리는 일에는 젬병이었다.

내가 김영실을 부러워한 것은 그가 바깥일도 잘했지만 가정과 자녀 교육 면에서 두루 충실했다는 것이다. 그 비결은 무엇일까? 김영실은 '뛰어난 한 사람이 백 걸음을 걷는 것보다 백 명의 보통 사람이 한 걸음을 같이 걷는 것이 낫다'는 신념으로 살았다. 그

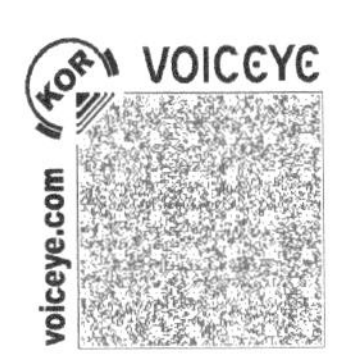

렇다면 남보다 앞장서는 것이 리더십이 아니라 남과 더불어 가는 교감이 진정한 리더십이 아닌가!

남과 더불어 간다? 생각은 쉽지만 현실적으로 그렇게 하기는 어렵다. 서로 감정이 다르기 때문이다. '나는 너를 위해 이만큼 했는데 너는 나를 위해 눈곱만큼도 하지 않느냐' 하는 식으로 서로 간의 감정에 편차가 생긴다. 이러한 사람들 사이의 감정 편차를 줄일 수 있어야 리더가 된다.

혼자서 백 걸음을 걷지 말고 백 사람이 한 걸음을 같이 걷게 하라! 이런 말을 떠올리자 눈앞이 캄캄했다. 나는 불행하게도 두 여인을 같이 걷게 하지도 못하고 있었기 때문이다. 오랫동안 그와 같은 일이 바로 우리 집에서 벌어지고 있었다.

아내는 직장을 다녔기 때문에 육아는 파출부가 했다. 하지만 파출부는 눈에 보이는 세탁이나 청소에만 신경을 쓰다 보니 아이들에게 소홀할 수밖에 없었다. 그 바람에 아이는 걸핏하면 유사 장티푸스나 장염 등 각종 병에 걸렸고 감기는 아예 달고 다닐 정도였다.

"차라리 직장을 그만두는 것이 낫겠소!"

몇 번이나 말했지만 아내는 번번이 거절했다.

'직장이 남편이나 자식보다 소중하다는 것일까? 명색이 대기업 직원이 마누라 하나 못 먹여 살릴 사람으로 보이는가? 봉급이 적다 해도 다들 그렇게 살고 있지 않은가!'

혼자서 별별 생각을 다 했던 나는 아이들이 연달아 입원하는 사태가 생기자 마침내 이런 말을 했다.

"직장을 그만두든지 어머님을 모셔와 아이들을 제대로 키우든지 둘 중 하나를 선택해요!"

그러자 내 예상과 달리 아내는 어머님을 모시겠다고 했다. 나는 당황했다.

"나는 당신이 직장을 그만두기를 원해요. 한 치 건너 두 치라고 아이에게는 할머니보다 엄마가 더 나을 거예요. 게다가 어머님을 모시는 것도 쉽지 않을 거예요. 어릴 때 이웃에 고부 갈등이 심한 집이 있었는데 남이 보면 대수롭지 않은 일로 매일 싸웠소. 중간에서 고생하던 남편이자 아들이 젊은 나이에 세상을 뜨고 난 뒤에도 어처구니없이 계속 싸웁디다. 서로 '너 때문에 죽었다'고 탓하면서. 나는 오래 살고 싶소. 내 직업은 세상 고민을 하는 조사가 아니

오? 그런 내가 고부 갈등에 끼고 싶지 않소. 그러니 당신이 직장을 그만두는 것이 좋겠소! 게다가 어머님은 쉬운 상대가 아닐 거예요."

하지만 아내는 막무가내였다. 나는 "어머님 모시기가 자신 있어요?"라고 묻고 또 묻고도 미심쩍어서 고부 갈등이 생겨도 나에게 넘기지 않겠다는 다짐을 받았다. 그러고 나서 어머님을 설득하자 이번에는 당신이 완강하게 반대하셨다.

"자식 넷 키우고 나서 좀 편히 지내려는데 손자까지 맡아서 키우라고?"

참 답답했다. 아이들은 자주 아픈데 아내는 직장을 고집하고 어머님은 오기 싫다고 하시니 내가 맞출 장단은 어디에도 없었다. 결국 어머님이 서울로 오셨다. 나 역시 아이들 문제가 급하다 보니 고부 갈등은 나중의 일이라 생각했다.

아내는 어머님을 모시고 살면서 내게 답답함을 자주 하소연하기 시작했다. 나와 한 약속은 아예 잊었다는 투였다.

"내가 뭐랬소! 이제 와서 나보고 어쩌란 말이오?"

그때 아내가 했던 대답은 나를 진한 안개 속으로 밀어 넣었다.

"여자는 원래 다 그런 거예욧!"

여자는 원래 다 그렇다? 여자는 원래 무책임하다는 얘긴가? 나는 아내를 이해하기 힘들었다. 신혼 초에 전세방을 구할 때도 그랬으니까. 아내는 둘이서 함께 보았던 집을 마다하고 자기가 혼자 본집에 이사를 가자고 했다. 백만 원 더 싸다는 말을 덧붙이면서.

"당신은 아무 말 말고 따르세요!"

'어라? 뭔가 잘못되고 있는데…….'

이미 계약을 해버린 상태라 나는 쫄래쫄래 아내 뒤를 따라 이삿짐을 옮기면서 골목 끝 막다른 집으로 들어갔는데, 그때는 마치 도살장에 끌려가는 소가 된 기분이었다.

'아닌데! 이게 아닌데!'

결국 그 집은 집주인이 망해 전세금을 빼서 나오기도 힘들었다. 재산을 압류한다는 붉은 딱지가 붙어 있는 방에 살면서 꿈자리가 사나웠던 나와 달리 아내는 편하게 잤다. 도대체 아내는 어떤 사람일까?

세상에는 불행 유전자라는 것이 있다. 어릴 때 불행에 익숙한 사람일 경우 말로는 행복을 꿈꾼다고 하지만, 실은 행복을 누려본 경험이 없어서 불행을 자초하듯이 살게 되기 쉽다. 불행의 경험은 그것을 반복하게 하는 강박증을 불러일으킨다. 이때 불행은 달콤한 유혹과 같다. 어머님을 모시기 전이었다. 수차례 직장을 그만두는 것이 낫겠다고 해도 끄떡도 하지 않는 아내에게 물은 적이 있다.

"직장을 고집하는 다른 이유라도 있는 거예요?"

"친…… 친정어머님께서…… 여자가 직장을 갖고 있으면 남편에게 버림받더라도 살 수 있다고 하셨어요."

아내의 대답을 듣는 순간, 나는 다시 컴컴한 터널 속으로 빨려가는 기분에 빠져들었다.

'맙소사! 세상에 어느 여자가 남편에게 버림받는 것을 전제로 부부생활을 한단 말인가! 지금 나는 평생을 불행하게 사신 장모님의 망령과 살고 있단 말인가!'

누구나 자신도 모르는 감정에 시달린다. 그럴 때 기氣를 잘 조절하는 것이 필요하다. 그렇게 하지 못하면 다른 사람과 기 싸움을 하게 된다. 우리 집의 고부 갈등도 그런 것이었다. 몸이 약한 아내는 어머님의 에너지를 이길 수 없었고 어머님은 나이가 들었음에도 불구하고 며느리보다 많은 일을 하면서 위상을 높이려고 하셨다. 입으로는 '나 죽겠다'를 연발하면서.

리더십 프로그램을 개발하면서 나는 스스로를 한심스럽게 여기기도 했다. 아내조차 설득하지 못한 내가 무슨 리더십을 구상하겠는가! 바깥일은 거창하게 하면서 내면이 초라한 나는 그야말로 '두 얼굴의 남자'였다.

별거

함께 노래하고 춤추며 즐거워하라.
그러나 각각 홀로 있어라. 현악기의 줄들이
같은 음악을 울릴지라도 서로 떨어져 홀로 있듯이.
당신의 마음을 주어라.
그러나 상대방 고유의 세계로는 침범하지 마라.
생명의 손길만이 당신의 심장을 가질 수 있기 때문이다.
그리고 함께 서거라.
그러나 너무 가까이 붙어서지는 마라.
사원의 기둥들은 떨어져 있어야 하며
떡갈나무와 사이프러스 나무는
서로의 그늘 속에서는 자랄 수 없기 때문이다.
_칼릴 지브란 〈분리되어 있음의 지혜〉

《팔순 시어머니 구순 친정아버지》란 책이 있다. 광고 회사에서 카피라이터로 일한 적이 있는 유희인 씨가 쓴 책이다. 현대 여성이 두 노인을 모시며 살았다는 것이 신기할 정도로 그녀의 고백은 가슴을 울린다. 치매에 걸린 두 노인은 짓궂은 아이와 같았다. 책을 읽다 보면 아이 같은 두 노인을 달래며 보살피는 유희인 씨를 존경하지 않을 수 없다.

나는 책을 내기 전부터 유희인 씨와 아는 사이였지만 부드러운 미소의 주인공이 집안에서 그렇게 큰일을 감당하고 있었음은 미처 몰랐다. 그녀는 자신의 경험을 바탕으로 이런 말을 했다.

"부모 노릇은 자식에게 필요 없는 존재가 되었을 때에 비로소 끝난다고 하는데 많은 부모들, 특히 어머니들이 언제까지나 자식에게 필요한 존재가 되고 싶어 안달이다. 자식이 좀 서운하게 하면 '내가 너를 어떻게 키웠는데'라는 생각에 잠도 못 잔다. 마마보이가 아니라 보이마마가 더 문제다."

나는 유희인 씨 말에 동의했다. 나의 어머님도 보이마마였기 때문이다. 보이마마 밑에서 나는 어떻게 살았을까? 어머님은 어리광을 부리시려고 할 때가 있었고, 그 때문에 어머님과 사는 아내는 심장병에 걸릴 정도였다. 그런 가운데 나는 20년 이상을 '나 죽겠다'와 '못 살겠다'라는 말을 듣고 살았다. 어머님은 틈만 나면 "힘들어서 나 죽겠다"라는 말씀을 하셨

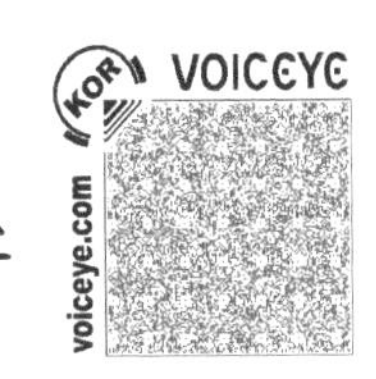

고 아내는 “어머님 때문에 못 살겠다”라는 소릴 입에 달고 살았으니까.

지난 20여 년 동안 어머님은 손자들을 키우시느라고 많은 고생을 하셨고 아낌없는 사랑을 주셨다. 그러나 그런 손자들이 군대를 다녀와 서른에 가까운 나이가 되었는데도 코흘리개 아이로만 보려고 하셨다.

안 되겠다. 이래서는 안 되겠다. 보이마마로서 어머님이 매달릴 아이는 나 하나로 족하다. 손자들에게까지 그리 하시게 할 수는 없다. 이러다가 모든 식구들이 병들어 죽겠다. 그런 고민을 거듭하던 중 마침내 나는 가족을 재구성하기로 했다. 어머님과 내가 따로 나가서 살기로 한 것이다. 별거. 참 아찔한 결정이었다.

내가 별거를 떠올렸을 때 살고 싶은 동네가 떠올랐다. ‘대야미’라는 이름의 그곳은 리더십 프로그램을 완성하고 와인 파티를 했던 장소였다. 대야미는 강교수가 독일 유학 중에 사귄 친구인 철밥통이 사는 곳이기도 했다. 철밥통. 그 별명에 대해 강 교수는 ‘철학이 밥을 먹여준다는 말이 통하는 사람’이라고 했다.

대야미를 처음 보았을 때 나는 내 몸이 그곳으로 빨려 들어가는 것만 같았다. 그래서 "툭툭 털고 들어와 살고 싶다"는 말이 절로 튀어나왔다. 산속에 안기듯이 펼쳐진 대야미를 본 순간 바로 이곳이라는 느낌이 온 것이다. 그곳은 가난이 햇살처럼 반짝이는 소박한 곳이었다.

내가 아파트 한 채를 팔고 두 채의 전세를 만들 때의 심정은 소설 《노인과 바다》에 나오는 늙은 어부의 허무와 비슷했다. 바다를 헤맨 지 85일 만에 낚았던 큰 고기를 사흘 밤낮 끌려다닌 끝에 상어 떼에게 빼앗겨버렸듯, 어렵사리 구한 아파트를 순식간에 날려버렸으니까. 집 한 채는 남자 인생의 전부라고 할 만큼 큰 것인 만큼, 그때의 내 상심은 정말이지 어떻게 할 도리가 없었다.

믿음의 길

종교적인 것이란 한마디로 태어나면서 지닌 어떤 것을 향해 나아가 자신을 잊고 그 속에 빠져 그 안에서 가장 깊은 의미에서 자기 확인을 하는 일에 지나지 않는다. 우리가 자기를 초월하여 종교적 감성에 침잠하면 할수록 그만큼 자신의 존재도 한층 강력해지고 보다 의의 있는 것이 된다.

_루 살로메 《우리는 어디에서 어디로 가는가》

"우리 교회에 한번 놀러 와!"

마치 교회가 노래방이나 오락실이라도 되는 것처럼 '놀러 오라'고 강 교수는 말했다. 그 교회는 평신도 중심의 작은 교회였지만 10년 정도의 역사를 가진 곳이었다. 나는 결국 교회를 다니기로 했다.

돌이켜보니 별거가 나로 하여금 믿음을 갖게 했다. 머리와 의지로 안 되는 일은 없다고 믿고 살아온 중년의 한 남자가 대야미에 들어와 비로소 고개를 숙이고 반성하는 사람이 된 것이다.

어머님과 같이 살았지만 아내 없이 사는 나의 마음은 혼자 사는 남자나 다름없었다. 그래서 답답하고 외로울 때도 있었다. 들판에 서서 양희은이 작사한 '사랑, 그 쓸쓸함에 대하여'라는 노래를 부르기도 했다. 눈물을 흘리며.

> 사랑이 끝나고 난 뒤에는 이 세상도 끝나고, 날 위해 빛나던 모든 것도 그 빛을 잃어버려. 누구나 사는 동안에 한번 잊지 못할 사람을 만나고 잊지 못할 이별도 하지. 사람을 사랑한다는 그 일, 참 쓸쓸한 일인 것 같아.

달빛 아래에서 노래를 부르고, 김명인 시인의 시처럼 '기억의 쑥밭에서 미처 못 뽑힌 더러운 뉘우침'을 찾았던 나는 그렇게 조금씩 나를 풀어놓으면서 상황을 정리해갔다.

알고 보니 나는 영혼의 맹점이 깊은 사람이었다. 그러다 보니 인생의 기준점을 나 자신에게 두었다. 하지만 나이가 들면서 어떤 확신이라도 그것이 깨질 수 있음을 인정할 수밖에 없다.

비행기 조종사는 훈련을 받을 때 절대로 자신의

감각을 믿지 말라는 교육을 받는다. 특히 악천후 속에서 고도를 높이거나 항로를 이탈할 때 자신을 믿지 말고 계기판을 믿어야 한다. 실제로 어떤 조종사는 난기류를 만나 짙은 안개 속에 빠진 적이 있었다. 그때 계기판은 자신의 예상과 달랐지만, 그는 비행학교 교관의 말을 떠올려 계기판을 기준으로 삼아 믿고 따랐다. 그 결과 방향과 고도를 제대로 잡으면서 위기를 극복할 수 있었다.

인생을 살다 보면 자신의 감각이 옳다고 고집을 부렸다가 곤경에 빠지는 일이 한두 번이 아니다. 인생에서 바른 계기판은 무엇일까? 그것은 바로 신神이다.

50이면 천명天命을 안다는 말이 있다. 그 나이가 되면 섭리를 알고 살아야 한다는 뜻이다. 이런 원리를 하나의 글자로 표현한 것이 바로 '명命'이다. 이 글자를 자세히 보면 제일 위에 사람 '인人'이 있고 그 아래 하늘 또는 하나님을 뜻하는 '일一'이 있고 그 아래 엎드려 두드릴 '고叩'라는 글자가 있다. 사람이 하나님 앞에서 엎드려 두드리며 묻는다는 뜻이다. 하나님 앞에 엎드려 두드리는 모습은 자신을 낮추고 몸을 구부리는 콤마와 같다.

사람은 누구나 남에게 잘 보이려는 가면을 쓰고 산다. 그것은 성공을 꿈꾸는 사람의 모습이지만 진정한 본래의 모습은 아니다. 나는 종교를 믿음과 동시에 무조건 성공하고 싶은 욕망에서 벗어나고 싶었다. 하지만 체면과 허울이란 가면을 벗기가 어려웠고 그런 내가 미웠다. 그런 갈등을 딛고 믿음의 길을 선택한 내 심정은 이진수 시인의 〈센놈〉이란 시처럼 홀딱 벗는 것이었다.

비얌이 우예 센지 아나
내사마 모르겠다 우예 센 긴데
참말 모르나 그놈이 센 거는
껍데기를 벗기 때문인 기라
문디 자슥 껍데기 벗는 거하고
센 거하고 무신 상관이가
와 상관이 없다카나 니 들어볼래
일단 껍데기를 벗으모 안 있나
비얌이 나오나 안 나오나
나온다카고 그래 씨부려봐라
그라모 그기 껍데기가 진짜가
시상 새로 나온 비얌이 진짜가
문디 시방 내를 바보로 아나

그기야 당연지사 비얌이 진짜제
맞다 자슥아 내 말이 그 말인 기라
껍데기 벗어던지고 진짜 내미는 놈
그런 놈이 센놈 아이겠나
넘 몰래 안창에다 진짜 감춘 놈
그런 놈이 무서븐 거 아이겠나
어떻노 니캉 내캉 홀딱 벗어뿔고
고마 확 센놈 한번 돼보까

마음의 꽃, 느낌표

> 저녁을 바라볼 때는 마치 하루가 거기서 죽어가듯이 바라보라. 그리고 아침을 볼 때는 마치 만물이 거기서 태어나듯 바라보라. 그대의 눈에 비치는 것이 순간마다 새롭기를.
> 현자란 모든 것에 경탄하는 사람이다.
> **_앙드레 지드 《지상의 양식》**

가을이 왔다. 어머님은 고구마 줄기를 따서 삶고 말리는 일을 하셨다. 무슨 큰 소득이 생기는 일은 아니지만 그렇게 장만한 나물을 친척들에게 나누는 것은 어머님에게 큰 기쁨이었다. 어느 날 나도 약수터에 다녀오던 중 어머님과 함께 밭둑에 앉아 고구마 줄기를 따보았다.

고구마 줄기를 따는 단순한 노동에도 기쁨이 스며들었다. 반복된 손작업을 하는 동안 마음이 편안했고 옛 추억이 솔솔 나오며 도란도란 얘기꽃이 폈다. 이 평화를 어떤 말로 표현할 수 있을까? 그 시각에 찬란한 노을이 지고 있었다. 문득 노자가 한 말이 생각났다.

> 좋은 땅에서 살며 마음을 깊게 하라. 어진 사람과 더불어 살며 말에 믿음이 있게 하라. 다스림은 바르게 할 것이며 일은 능숙하게 하고 움직임은 때를 맞추어서 하라. 그래야만 만물을 이롭게 하며 다투지 않고 살 수 있다.

노자가 말한 좋은 땅은 무엇인가. 곰곰이 생각해 보니 그가 말한 선지善地는 나를 뽐내거나 남을 지배할 수 있는 곳이 아니라 남이 외면한 그늘진 곳이나 낮은 위치였다.

대야미에는 도서관이 있고 저수지가 있고 약수터도 있다. 그런 것을 즐기는 삶이 로하스 인생이 아닐까. 대야미동 역시 로하스를 슬로건으로 삼고 있다. 대야미는 도서관과 동사무소와 주민자치센터가 한 건물에 있다. 주민자치센터는 열다섯 가지의 프로그램을 운영하고 있는데, 그중에는 수강료 전액을 둔대초등학교에 장학금으로 기부하는 것도 있다.

안다는 것이 곧 자신감이 되어 열기에 들뜬 시절이 있었다. 그러나 지금 나는 알더라도 남에게 도움이 되도록 물러서서 도와주는 미덕이 더 아름답다는 것을 안다. 알아야 주인공이 된다고 믿던 시절과는 달리, 지금의 나는 모르는 사람을 이해하고 섬기고 헤아리는 것이 더 값지다는 것을 안다. 대야미가 나를 그렇게 이끌어주었다.

대야미에서는 문을 열고 나가면 곧바로 새들의 노래를 들을 수 있다. 새소리를 듣는 것 말고도 전원의 즐거움은 많다. 한번은 초등학교 담을 지나다가 빗물이 흐르라고 벽 가운데로 뚫어둔 작은 구멍에서 생명을 보았다. 민들레였다. 눈물샘처럼 만들어놓은 구멍 틈에 흙바람 먼지가 쌓였는데 바람결에 날아간 민들레 홀씨가 그곳에 떨어져 싹이 튼 것이다. 그 민들레는 담에 수직으로 매달린 모습으로 있었다. 놀라워라, 그 척박한 곳에서 생명을 일구다니!

도시는 화려함이란 이름으로 그 생명을 지속시킨다. 그러나 전원에는 화려함도 교만이 되지 않고 황량함도 절망이 되지 않는다. 자연법칙에 순응하는 평범함이 있을 뿐이다.

평범함은 곧 어울림이 된다. 꽃은 서로 다투듯이 피면서도 서로 시기하지 않는다. 저마다 피는 때가

다름을 알기 때문이다. 그와 달리 나는 삶을 화려하게 꾸미려고 얼마나 많은 허구를 만들어냈던가!

전원생활을 하면서 나는 내 글이 다른 사람에게 전달될지, 도대체 좋은 글은 어떤 글인지에 대해 깊이 고민했다. 그리고 마침내 나는 된장처럼 숨을 쉬는 글이 좋은 글임을 깨달았다.

된장은 그 자체로 요리의 반열에 끼지 못한다. 그러나 많은 요리에서 된장은 양념으로 훌륭한 역할을 해낸다. 그래서 된장은 옛날부터 다섯 가지 덕이 있다고 칭송받았다.

첫째, 다른 맛과 섞여도 제 맛을 잃지 않는 단심丹心.

둘째, 오래 두어도 변질되지 않는 항심恒心.

셋째, 기름진 냄새를 제거해주는 불심佛心.

넷째, 매운맛을 부드럽게 해주는 선심善心.

다섯째, 어떤 음식과도 잘 어울리는 화심和心.

좋은 글이 나오려면 먼저 된장처럼 숙성되어야 한다. 된장에 풋고추 박히듯 독자의 입맛에 딱 맞는 글을 쓸 수 있을까? 나는 그런 고민을 하면서 자연의 소리를 듣는다.

대야미의 가을날 일요일 아침 열 시. 그 시각은 첼로 연주를 듣기에 좋은 시간이다. 바쁘게 살 때 나는 종종걸음을 치며 짧고 급한 소리를 많이 했다.

'연락 준다고 해서 기다리는데 왜 소식이 없는 거야! 내가 먼저 전화해야 하나?'

'마감 기일이 다가오는데 왜 이렇게 진도가 안 나가지?'

가을 하늘을 보면 느리고 진한 황소의 울음이 들린다. 서두르지 않아도 된다는 울림이자 어울림인 그것은 마치 굵고 긴 첼로 소리 같다. 첼로의 매력은 느림에 있다. 그러면서 모든 것을 껴안아 감는 힘이 있다. 귀머거리가 되어서도 수많은 곡을 작곡했던 베토벤은 첼로 소나타를 작곡하면서 그 곡에서 전달하고 싶은 주제를 짧은 단어로 남겼다. 그렇듯이 벙어리 냉가슴 앓는 침묵을 하나의 단어로 담는 진실이 바로 첼로 소리다.

아! 우리는 얼마나 많은 말을 하면서 살고 있는가. 과연 그 많고 많은 말들 가운데 꼭 필요한 말은 얼마나 될까? 첼로의 선율에는 종달새 노래들을 하나의 울림으로 바꾸는 신비가 숨어 있다.

가을날 아침은 마음을 비운 만큼 슬픔도 묻어 있

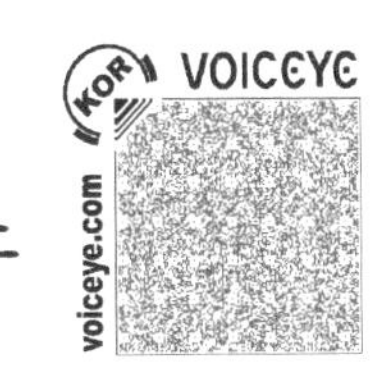

다. 국무총리를 지냈던 이현재 선생은 어느 모임에서 이런 말씀을 하신 적이 있다.

“다른 사람들은 더위가 지쳐 가을이 되기를 바라지만 나는 서늘한 가을이 오는 것이 싫어요. 가을이 오면 금방 한 해가 가버리잖아요.”

가을은 이렇듯 ‘벌써 한 해가 기우는구나’라는 아쉬움을 주는 한편, ‘아침에 눈을 떴다 싶은데 또 일년이 간다’는 시심을 발작하게 한다. 그럴 때 첼로 연주를 들으면 마음이 비워지고 시야가 넓어지며 어느 사이 내가 우주의 중심과 수평이 되는 것을 느낀다. 첼로 연주는 진한 커피를 마시게 하고, 올해가 가기 전에 이것만큼은 꼭 해야겠다는 일기를 적게 한다. 첼로 소리를 닮은 음성을 들으려고 멀리 떨어진 부모님에게 전화를 걸게 만들기도 한다. 그래서 가을은 꿈이 영그는 계절이다. 대야미 가을 들판에는 첼로를 연주하는 잠자리가 날아다닌다.

17세기 일본의 바쇼는 〈당신과 나, 두 인생 사이에 벚꽃의 삶도 함께 있네〉라는 짧은 시를 썼다. 나의 지난날은 ‘벚꽃도 모르고 당신도 잊고 내 시간표만 고집했네’ 였다. 대야미로 들어올 때 ‘이번 기회에

본격적으로 글을 쓰는 전업 작가로 나서볼까?' 하는 생각을 했었다. 이제 나는 너와 나 사이에 있는 꽃을 그리며 글을 쓴다. 내 마음의 꽃을 피우고 사랑을 보게 하고 첼로 연주를 듣게 하고 어린 시절 꿈이었던 잠자리를 날게 한 것은 자연이었다. 자연 속에서 마음이 성숙되어 느낌표가 될 줄을 어이 예상이나 했으랴!

3장

대화의 길

_마음을 열자

많은 사람들은 저버릴 필요가 있는 부적합한 것들을 포기하는 괴로움을 감당할 마음도 없거니와 또 감당할 수도 없는 형편이다. 그들은 영원히 옛날식 그대로의 생각과 행동에 매달리는 쪽을 택하게 된다. 그리고 그 결과, 위기를 극복해내지 못하고 참으로 성장하지도 못하며 더 큰 성숙으로 이어지는 전환에 뒤따르는 재생의 기쁨을 체험하지도 못한다.

_M. 스캇 펙《아직도 가야할 길》

우울증을 극복하려면

분노를 마음속에 차곡차곡 접어두기보다는 표현할 줄 아는 법을 배운다면 우울증은 훨씬 줄어들 수 있다. 안 된다고 거절하는 법을 배우는 것도 오랫동안 인정받지 못한 채 시달리며 완전히 피폐해지고 우울해지는 것을 막는 데 도움이 된다. 어느 정도 방치하여 저절로 자라게 내버려두는 법을 배우는 것도 분리되면서 생기는 관계 불안의 고통을 면하게 해줄 수 있다. 마지막으로 내면에 있는 다른 원형들을 계발함으로써 어머니 노릇 외에 또 다른 관심사를 가질 수 있다.

_진 시노다 볼렌 《우리 속에 있는 여신들》

강 교수에게 좋은 일이 생겼다. 독일에서 유소년 축구 선수로 뛰고 있던 그의 하나뿐인 아들이 한국으로 돌아와 대학에 진학하게 된 것이다. 그 바람에 5년 6개월 동안 기러기 아빠로 살아온 그는 다시 가족과의 안정된 삶을 살 수 있게 되었다.

강 교수는 아내와 아들의 귀국에 맞춰 수원에 집을 마련하고는 곧 이사를 갈 거라고 했다. 그는 자신에게 집을 판 사람이 범상치 않다고 했다. 8남매의 장남으로 공고를 나와 형제들을 모두 결혼시킬 만큼 열심히 살았다는 것이다.

“현대판 영웅이 따로 없구먼! 이사를 끝내고 나면 한번 만나게 해주게. 영웅신화를 듣고 싶으니까.”

몇 번 만나지 않았지만 그와 정이 듬뿍 들었던 모양인지 강 교수는 소년처럼 이런 말을 하기도 했다.

“고생 끝에 성공하니까 옛 생각이 나더라고 하더라. 젊은 시절 안양에서 살았다는데 돌아보니 그때가 좋았다는 거야. 연립주택 옥상에서 삼겹살 구워서 이웃과 함께 먹던 시절이 그리워서 집을 팔면 안양에서 살고 싶다고 했어.”

그런데 2주가 지나도 그의 이사 소식이 들려오지 않았다. 어떻게 된 거냐고 물어보았더니 아뿔싸, 집주인이 죽는 바람에 이사가 연기되었다는 것이었다. 더 놀라운 것은 죽은 이유가 자살이라는 사실이었다.

“자살?”

“우울증이었다고 하더라.”

누구나 일시적으로 우울하거나 슬픈 감정 또는 의욕 저하에 빠진다. 그것이 지나쳐 두통과 소화불량,

목과 어깨 결림, 답답증을 호소하고 불면증에 시달린다. 심한 사람은 망상이나 환각에 시달리기도 한다. 이것이 바로 우울증이다. 경미한 우울증으로 가벼운 상실감이 2년 이상 지속되는 기분 부전증(신경증적 우울증)도 있다. 일반적으로 우울증은 여성 환자가 남성보다 두 배 정도 많다.

언젠가 나는 작가 김홍신 씨가 TV에 나와 자신을 고백하는 편지를 읽는 장면을 본 적이 있다. 그것을 보는 순간 '저분은 지금 우울하구나'라는 직감이 왔다. 신념이 강한 그는 독설을 내뱉는 것도 서슴지 않는 사람이었다. 한번은 어느 정치인을 거론하며, 사람이 죽으면 서승을 가는데 평소 거짓말을 하면 입을 바늘로 깁는다는 옛말을 빗대어 "그 사람은 바늘로 입을 깁는 수준으로 안 되고 공업용 미싱으로 박아야 한다"는 말을 하기도 했다. 그날 TV에 나온 그는 한때 자신의 말로 인해 상심했던 분들에게 진심으로 죄송하다고 했다. 부인을 잃고 외로움에 빠진 사람의 진솔한 고백이었다.

우울증의 이력을 보면 갑자기 생긴 것보다 그렇지 않은 경우가 더 많다. 그래서 치료를 하려면 조금씩 나아지는 것에 만족하면서 길게 보는 여유가 필요하다. 기대치에 도달하지 못한다고 스스로를 비난하기보다 기대치를 낮추어 기쁨을 누리는 습관을 기르라는 말이다. 설령 터무니없이 부정적인 생각이 떠오르더라도 그대로 받아들이거나 두려워하지 말고 곧 사라질 증상으로 여겨야 한다.

미국의 정신과 의사인 스캇 펙은 아내가 우울증으로 고생을 했고 그 자신도 1년 동안 1주일에 세 번씩 심리 분석을 받았다. 스님이 제 머리를 못 깎듯이 그는 다른 정신과 박사에게 심리 분석을 받기도 했다. 그러면서 자신이 남에게 의존하는 성격이 있다는 것을 알았다. 어릴 때 그는 지나치게 전제적이고 간섭이 심한 아버지로부터 벗어나고 싶어 했다. 그러다 보니 항상 독립심이 강한 것처럼 행동했고, 자신도 모르는 사이에 고혈압이 되어 있었다.

스캇 펙은 우울증을 너무 심각하게 보지 말라는 의미로 자신의 책 《아직도 가야 할 길》에서 이런 말을 했다.

> 항상 이겨야만 한다는 욕망을 포기하는 동안에 나는 우울했었다. 그 이유는 사랑했던 어떤 것을 포

기하는 것과 관련된 느낌, 우리 자신의 일부분이나 또는 우리와 친근한 것의 일부분을 포기하는 것과 관련된 느낌이 바로 우울이기 때문이다. 정신적으로 건강하려면 성장해야 하고 그러자면 낡은 자아를 포기해야만 하므로 우울증은 근본적으로 정상적이고 건강한 현상이다. 무언가를 포기하는 과정에 장애가 생기면 그 우울증은 비정상적으로 건강을 해친다. 그 결과 우울증은 오래 지속된다.

스캇 펙은 한 수녀를 찾아가 8년간 도움을 받기도 한다. 수녀는 스캇 펙의 상태를 '감각의 어두운 밤'이라고 하면서 터널 끝으로 빠져나오기를 기다리라는 조언을 해주었다. '감각의 어두운 밤'은 마음의 에너지를 성공에만 쏟을 때 다가오기 쉽다. 밖에서 성취감을 느끼는 사람일수록 내면의 황량함을 겪듯이.

스캇 펙은 수녀가 말한 대로 별다른 노력 없이 기다리기만 했는데 쉰한 살의 크리스마스 무렵부터 우울 증세가 사라졌다고 한다. 마침내 그는 성공했다는 기분에 들뜨지도, 실패했다는 생각에 풀이 죽지도 않게 되었다. 상황과 관계없이 평화롭고 기분 좋은 삶을 살게 된 것이다.

남자는 누군가로부터 인정을 받지 못하거나 외로

움에 빠져 있을 때 우울증이 생기기 쉽다. 중년 남자의 경우 감정의 맹점에 빠져 우울증으로 이어지는 사람이 의외로 많다. 아무리 나이 든 남자라도 그 마음속에는 기저귀를 찬 아이가 있기 때문이다.

만나기를 기대했던 사람이 죽었다는 것을 생각하니, 나도 경미하지만 우울증이 있음을 인정하지 않을 수 없었다.

'세상에, 서 박사가 우울증이라고?'

나를 아는 사람은 절레절레 고개를 흔들 것이다. 그러나 이 세상에 우울증에서 벗어날 수 있는 사람은 아무도 없다. 물론 나의 우울증은 아는 게 병이라는 속담처럼 과장된 면도 있다. 그러나 글이 잘 써지지 않고, 쓰더라도 마음을 제대로 담지 못하면 불쑥 죽음이 떠오르기도 한다. 젊은 시절 세 번이나 자살 시도를 했다는 작가 황석영의 심정을 나는 이해한다.

우울증을 앓는 사람은 뇌의 어떤 신경전달물질이 과소, 또는 과다 분비된다고 한다. 내 경우에는 싸워서 이기거나 투쟁을 즐기는 남성 호르몬(테스토스테론)이 약간 더 많이 분비되는 것 같다. 그런 사람들은 약물, 술, 도박 등에 탐닉하기 쉬운데 그것 역시 우울증의 한 표현이다.

우울증에서 벗어나려면 일이 잘 안 되더라도 툭툭 털어버려야 한다. 특히 40대 이후에는 마음의 고삐를 늦추고 한 호흡 쉬는 여유가 필요하다. 그러자면 세상 모든 일을 내가 다 해야 하는 것처럼 생각하는 습관에서 벗어나야 한다. 일에 대한 욕심이 많으면 자신이 직접 안 해도 되는 일까지 만들게 된다. 일을 늘린다고 해서 무조건 큰 위험이 되지는 않는다. 문제는 그렇게 일을 벌여놓고 완벽하게 잘하려고 욕심을 부리는 데 있다. 집착이 강해 포기를 모르는 사람은 그만큼 우울증에 걸리기 쉽다.

사람은 누구나 우울증에 걸릴 수 있다. 네 가지 맹점이 있기 때문이다. 생각의 맹점, 감정의 맹점, 행동의 맹점, 영혼의 맹점이 바로 그것이다.

언젠가 후배가 우리 집을 찾아오겠다고 해서 이수역에서 내려 전화를 하라고 한 적이 있다. 그런데 약속 시간이 넘어도 나타나지 않았다. 내가 방배동에 산다는 걸 알고 있었던 후배는 방배역에서 내려 헤매다 뒤늦게야 나타났다. 후배는 자신이 똑똑하다고 생각했겠지만 생각의 맹점에 걸려든 것이다. 방배동은 넓다. 그리고 방배동을 지나는 전철은 하나가 아니다. 내가 사는 방배동은 4호선 이수역에서 가까운 곳이다. 그것을 모르고 녀석은 엉뚱한 곳에서 내려 곧바로 전화도 하지 않고 미적대다가 늦은 것이다.

내 아내 역시 그 후배처럼 생각의 맹점에 곧잘 빠졌다. 한번은 친한 친구의 결혼식이 있어서 아내에게 약도를 일러주고 타야 할 버스 정류장과 버스 번호를 알려준 적이 있다. 그러나 아내는 결혼식이 끝날 때까지도 나타나지 않았다. 결혼 장소는 한강변 동부이촌동 성당이었고 버스를 타야 할 장소는 광화문 세종문화회관 앞이었다. 그런데 아내는 엉뚱한 버스를 타고 한강을 지나치고 말았다.

정확한 교통편을 무시하고 다른 사람의 말을 믿은 아내는 생각의 맹점이 유난히 깊었다. 동부이촌동으로 가는 버스가 번호 색깔에 따라 동네 입구를 지나는 것과 동네 안으로 들어가는 것이 따로 있다는 것을 몰랐던 것이다. 이후로도 이와 비슷한 일은 몇 번 더 있었고, 아내가 생각의 맹점이 깊다는 것을 확실히 알게 되었을 때는 이미 내 몸과 마음이 지쳐 버린 뒤였다.

생각의 맹점과 사람의 변화는 깊은 관계가 있다. 전쟁 무기를 팔아서 벼락부자가 된 사람이 있었다. 많은 사람들이 그를 졸부 혹은 수전노라고 불렀다. 그런 그가 자선사업가로 변신했는데, 그렇게 된 데는 기막힌 우연히 작용했다.

그 일은 그의 형이 죽었을 때 신문에 자신이 죽은 것으로 오보가 나가면서 비롯되었다. 그때 기사는 '수많은 사람들을 죽게 하여 돈을 번 사람'이란 악평으로 일관되고 있었다. 기사에 충격을 받은 그는 생의 전환점에 섰고, 마침내 인류를 위한 위대한 사업을 계획한다. 그가 바로 노벨이다. 그리고 인류를 위해 그가 계획한 사업이 바로 노벨상 제정이다.

노벨은 과연 '변한' 걸까? 나는 사람 자체가 변한 것이라기보다 관계의 방식이 바뀐 것이라고 본다. 네 가지 맹점도 관계 방식의 변화로 고치거나 보완할 수 있다. 사는 환경을 바꾸거나, 직업을 바꾸거나, 파트너를 바꾸는 것도 한 방법이다. 그렇게 관계를 바꾸지 못할 경우 주변 사람이나 자연과 어울리면서 감각을 유연하게 하며 호흡을 가다듬는 훈련이 필요하다.

호흡을 가다듬는다는 것은 내가 잘 모르는 감정이

나에게 무슨 말을 하고 있는지 듣는 것이다. 그것이 어려우면 전문가를 찾아 도움을 받아야 한다. 내가 잘 아는 어떤 의사는 정기적으로 정신과 의사에게 상담을 받는다. 그러면서 자신이 제때 해결하지 못한 감정들을 찾아서 해결한다.

정신분석이나 심리 상담을 부담스럽게 여기지 말라! 경제적 여건이 안 되거나 자존심이 허락하지 않아서 상담을 못 받는다면 달빛을 받으면서 산보를 하는 방법도 있다. 그렇게 하면 자기도 모르게 마음이 치유를 받았다는 기분이 든다. 얼마나 얻었느냐는 계산은 햇빛처럼 밝은 곳에서 하는 것일 뿐, 잃은 것이 많아도 달빛 속에서는 크게 아쉽지 않을 테니까.

스트레스 다루기

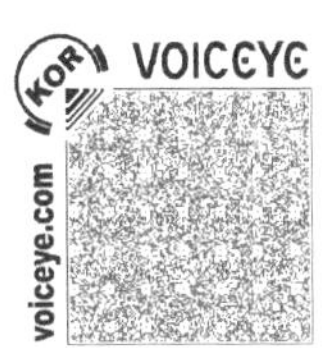

불안이라는 병은 얻으려고 하는 의지가 지나치게 강할 때 생긴다. 마음의 동요가 심한 삶을 사는 것보다 슬픔과 공포로부터 벗어나 차라리 굶어 죽는 것이 낫다.
_그리스 철학자 에픽테투스

스트레스가 우울증을 부른다. 원래 스트레스란 말은 물리학 용어로 세상의 모든 자극에서 빚어지는 현상이다. 소음, 냄새, 빛 같은 것들도 스트레스가 된다. 의학에서 스트레스란 말이 쓰이기 시작한 것은 1910년대부터라고 하는데 아마도 도시화와 함께 일반화된 것이 아닌가 싶다.

현대인은 항상 스트레스 속에서 산다. 학창 시절에는 시험 스트레스에 시달리고 늙어서는 자식에게 받는 스트레스에서 한시도 벗어날 수가 없다. 그런 스트레스를 점수로 보면 재미있다. 결혼이 50점이라면 100점은 배우자의 사망이다. 우울증으로 자살한 사람은 어떤 스트레스로 죽었는지는 모르지만, 아내에게 감당하기 어려운 스트레스를 남긴 것이다. 가까운 가족의 죽음이나 교도소에 수감되는 경우 스트레스는 63점으로 높다. 이혼의 경우 그보다 높아 73점이고 별거의 경우 65점이다. 결혼보다 약간 낮지만 해직의 스트레스는 47점이고 은퇴는 45점, 임신은 40점, 직업의 재적응은 39점이다.

어쩌면 나도 우울증으로 자살한 사람과 비슷한 스트레스가 있을 것이다. 별거 65점과 작가가 되겠다는 직업 재적응 39점을 합하면 100점이 넘기 때문이다. 그러나 나는 다행히도 스트레스를 즐기면서 살고 있다. 글을 쓴다는 것이 스트레스임에는 분명하지만, 그것은 창조적인 스트레스이기 때문이다.

강 교수에게 집을 판 사람이 겪은 스트레스에는 집값 상승이 한몫했을지도 모른다. 집값은 한국 사람만이 겪는 신종 스트레스이다. 그 사람이 강 교수에게 집을 팔 때의 시세와 팔고 나서 새집을 살 때의 시세는 큰 차이가 있었다. 평생 노력하여 이제 좀 다리를 뻗고 사는가 싶은 때에 터무니없는 집값 상승이 그에게 울컥하는 마음을 불러일으켰을지도 모른다.

아무리 성공하더라도 일찍 죽으면 꽝이다. 남들만큼은 살아야 복을 누렸다고 할 수 있지 않은가. 그런데 의외로 많은 중년들이 산 정상이 보이는 칠부 능선이나 팔부 능선에서 쓰러진다. 그래서 중년이 되면 새로운 자기 관리가 필요하다. 그것은 웬만한 일에 스트레스를 받지 않도록 마음의 여유를 갖는 일이다. 직장인들을 대상으로 조사를 해보면 일이 많아서 받는 스트레스보다 인간관계에 의해 일어나는 스트레스가 더 많다. 이런 현상은 20대 직장인들에게도 해당되는 일이다.

스트레스를 받지 않는 것은 어렵다. 그래서 받더라도 덜 받는 발상이 필요하다. 그러려면 나와 다른 사람에 대한 시각이 넓어야 한다. 차이에 대해 관대하라는 것이다. 사랑 역시 차이에 대한 관대함이 있어야 오래 지속된다.

최초로 비행기로 대서양을 횡단한 린드버그의 아내 앤 모로우 린드버그는 1955년 발간한 《바다의 선물》이란 책에서 "파트너와 함께 동일한 리듬으로 움직여서 하나의 형식을 함께 창출하는 관계가 중요하다"라고 말했다. 이 글을 보았을 때 나는 내가 '하나의 형식'을 만들어내지 못했음을 알았다. 기껏 해본 일이라곤 아내와 함께 해외여행을 다녀온 것이 전부였다.

나는 우리 부부가 동일한 리듬을 찾으려는 대신 서로에게 의존하려는 경향이 컸다는 것에 대해 반성한다. '의존 증후군'은 스스로를 보기보다 상대방의 행위에 초점을 맞춘다. 그래서 서로 다툴 때 "당신이 먼저 그랬잖아!"라는 말을 자주 하게 된다. 상대방에게 초점을 맞추려고 하면 자신도 모르게 상대를 통제하게 되고, 그러다 보면 두 사람이 함께 앞으로 나아가지 못할 뿐만 아니라 서로 초점이 맞지 않는 기대를 품는다.

나는 별거를 하면서 에너지 쟁탈전을 포기했다. 포기가 아니라 누구를 탓하거나 의존할 필요가 없어졌다. 그러자 나는 많은 것을 얻었다. 나만의 에너지를 온전히 깨달아 몰입하고, 있는 그대로의 감정에 솔직하고, 우연처럼 보이는 사건들 속에 숨겨진 섭리와 메시지를 읽고, 새로운 목표를 정해서 살게 되었다. 그 결과 좋은 관계가 어떤 것인지 알게 되었다. 그것은 상대방의 욕구를 일단 인정하는 것에서 비롯된다. 좋은 관계는 곧 즐거운 협상이자 재미있는 줄다리기이다. 그 과정을 즐길 때 비로소 사랑이 싹튼다.

서로의 차이를 인정하려면 남자 속에도 여성적인 면이 있고 여자 속에도 남성적인 면이 있다는 것을 알아야 한다. 내 아내의 마음속에는 경상도 남자 같은 과격함이 있었다. 여자의 마음속에 남자가 있다니, 하고 놀라는 사람도 있을 것이다.

그러나 모든 사람은 마음속에 반대의 성을 품고 산다. 내 경우에는 겉으로 볼 때 명랑하고 대범하고 씩씩해 보이지만 마음속에는 수줍고 가녀린 여성 같은 내가 있다. 어쩌면 내 마음속에 숨겨진 나는 비 오는 날 연못을 바라보며 가야금을 타는 여인일지도 모른다. 임을 그리며 가야금을 울릴 때 연못 속의 금붕어가 튀어 오르지 않을까?

중년에 접어들면서 스트레스를 덜 받으려면 우선 신체 변화에 관대해져야 한다. 중년이 되면 성기능이 저하된다. 이를 쇼크로 받아들여 큰 걱정을 하거나 원래 상태로 회복할 수 있다고 믿으면 우울증에 걸리기 쉽다.

10대 시절 남자의 정력은 성냥불과 같다. 잠깐 눈길이 부딪치는 것만으로도 불이 붙을 수 있기 때문이다. 그러나 그 불은 오래가지 않는다. 20대 시절은 장작불과 같으며 30대 시절은 연탄불과 같다. 때를 맞춰 갈아주기만 하면 하루 종일 타오르기 때문이다. 그러나 40대가 되면 남자의 정력은 공용 아파트의 가스불이 된다. 미리 예약 버튼을 누르고 잠시 대기 상태에서 불이 붙어 일정 시간만 타오르기 때문이다. 안타까운 것은 50대가 되면서부터이다. 이때 남자의 정력은 담뱃불이 된다. 빨아야 불꽃이 살아나기 때문이다. 60대가 되면 남자의 정력은 혼불이 된다. 혼심의 힘을 들여야 겨우 타오르기 때문이다. 그러다가 70대가 되면 남자의 정력은 나무아미타불이 된다.

노화에 따른 정력 감퇴나 신체 변화는 어쩔 수 없는 자연스러운 현상이다. 그러나 이처럼 그 변화를 받아들이는 마음은 다양하다. 앞서 언급했듯 신체 변화에 따른 스트레스를 받을 것이 아니라, 그를 수용하면서 건강한 환상을 유지하는 방식으로 자기 위로를 하면서 조금씩 낙천주의자로 변해야 한다.

슈바이처는 이렇게 말했다.

"낙천주의자는 모든 장소에서 청신호만 보는 사람이다. 반면 비관주의자는 붉은 정지신호만을 본다. 그러나 정말 현명한 사람은 색맹이다."

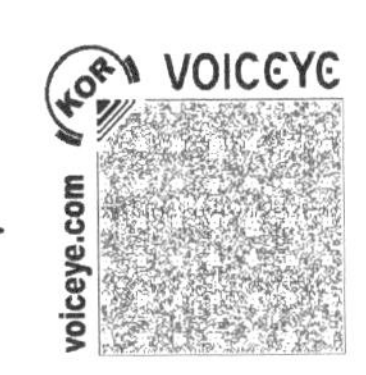

색맹이 현명한 사람이 되는 것처럼 나이가 들면 이런저런 구분이 소용없다.

잘난 척하길 좋아하는 김 씨가 말한다.

"한국에는 김 씨가 제일 많아."

그러자 그 옆에 있는 강 씨가 말한다.

"많으면 뭐하냐? 강해야지."

그 말을 듣고 서 씨가 반박한다.

"강하면 뭐 하냐? 센 놈이 최고지. 서 씨들을 봐라! 늘 서 있지 않느냐?"

그러자 그 옆에서 잠자코 있던 장 씨가 웃으며 한 마디 한다.

"많고 강하고 센 것이 중요한 게 아니고 현대는 세계적인 것이 이기는 거야! 중국에는 장 씨가 1억이 넘고 프랑스에도 장 씨가 많아. 장 가방, 장 뽈 베르남도, 장 콕토 등이지. 이제는 좀 세계적으로 놀아야 하지 않겠어?"

그러자 옆에 있는 고 씨가 끼어든다.

"이 사람아! 이소연이가 우주를 가는 마당에 아직도 세계화냐? 생각을 우주 차원으로 넓혀보라고! 우주 공간에는 고씨들로 가득 차 있다고. 고 존 에프 케네디 대통령, 고 박정희 대통령 등 사람들이 죽으면 모두 고 씨 성을 받아 일가친척이 되잖아!"

나이가 들면 머리가 빠지고 치아도 빠지고 시력도 떨어지고 그 밖의 모든 추한 것들이 몰려온다. 요실금이 생겨 기저귀를 차는 사람도 있다. 이런 변화는 피하려 하지 말고 받아들이는 수밖에 없다. 그것이 노년을 좀 더 편안히 누릴 수 있는 방법이다.

젊은 시절에는 약한 모습을 보이면 버림받는다는 강박증으로 살았다. 그러나 나이가 들면 약한 것이 부드러운 것임을 인정해야 스트레스를 초월할 수 있다.

젊을 때는 단단한 것이 강한 것이라 믿고 살기 쉬우나, 중년을 넘기면 단단할수록 죽음에 가까워진다는 것을 알아야 한다. 중년의 나이는 단단한 마음에 물을 뿌려 부드럽게 가꾸는 노력을 해야 하는 나이이다. 그러자면 우선 말부터 부드럽게 해야 한다. 알랜 로이 맥기니스가 쓴 《사랑과 우정의 비결》중에서 '화를 내는 5가지 기술'이라도 배워보자.

1. 상대방을 비난하려고 하지 말고 당신의 감정만을 말하라.
2. 한 가지 문제만 꺼내라.
3. 상대방이 반응할 기회를 주라.
4. 말다툼의 목적은 감정 해소이지 상대방을 정복

하려는 것이 아니다.

5. 비판할 때는 그와 똑같은 양의 애정을 쏟아 우정에 균형을 잡아라.

스트레스를 관리하는 좋은 비법 중의 하나로 스스로의 의식 상태를 바꾸는 것도 있다. 주변의 자극에 일일이 반응하지 않고 나를 억지로 방어하려는 노력을 하지 않는 것. 쉽게 말해 마음을 가라앉히고 이완된 상태로 마음의 중심을 잡는 것이다. 그 방법의 하나로 명상 습관이 있다.

명상 중에는 피부에 대한 전류의 저항력이 증가하는데 이는 자율신경계의 흥분이 감소하기 때문이다. 신진대사의 양이 감소하고 심장 박동률과 심장 출력이 감소하는 명상 상태는 육체적으로 보면 수면 상태와 비슷하지만, 사각과 각성 수준이 높아진다는 점에서 수면과 다르다.

함께 살던 시어머님이 돌아가셔서 편하게 지내는 주부가 어느 날 꿈에서 시어머님을 만났는데, 그 순간 자기도 모르게 "또 어머님과 살아야 합니까?"라는 말이 튀어나왔다고 한다. 그 주부가 의식 상태를 바꾸려면 강박적인 생각이 순환하는 고리를 끊어야 한다. 스트레스 받는 상황을 머릿속으로 다시 살려내면 불안에 시달리기 때문이다.

나에게 도움이 되지 않는 일은 잊는 것이 좋다. 스트레스를 주는 생각이 떠오르는 순간 '잠깐!' 하고 외치며 즐겁고 신나는 장면을 상상하라! 화가 날 때 일단 10이란 숫자를 떠올린 후, 10에서 0까지 숫자를 거꾸로 세며 분노를 삭이는 것도 한 방법이다.

대화의 길

자신에 대해 겸손하게 말하라.
— 남들이 네 고귀한 진실을 허풍으로 잘못 받아들이지 않도록.
부드럽게 말하라.
— 남들이 네가 주의를 기울여주기만을 요구한다고 생각하지 않도록.
온화하게 말하라.
— 모두가 사랑에 대해 알 수 있도록.
터놓고 말하라.
— 누구도 네가 뭔가 감추고 있다고 생각하지 않도록.
자주 말하라.
— 네 말이 참으로 실행될 수 있도록.
존중하면서 말하라.
— 누구도 굴욕감을 느끼지 않도록.
사랑으로 말하라.
— 모든 음절이 치유의 힘을 갖도록.
_닐 도널드 월시 《신과 나눈 이야기》

'외로움을 풀어주는 대화가 그토록 힘들었을까?'

우울증으로 자살한 사람을 생각하면 그런 의문을 갖게 된다. 독일에서는 건강하게 오래 사는 비결 중의 하나로 대화를 꼽는다. 그렇다면 무엇이 대화를 가능하게 하고 지속시킬까? 그 비결은 아마도 평소 즐거움을 느끼며 사는 것이리라.

즐겁게 사는 어르신을 뵐 때마다 그 비결이 궁금해서 여쭤보고는 한다. 그럴 때 가장 많이 듣는 말은 마음을 여유롭게, 다른 사람을 따뜻하게, 하루라는 시간을 늘 감사하게 여기는 것이었다.

행복하고 건강하게 사는 분들을 보면 언제나 싱싱한 느낌이 든다. 그들은 항상 웃으면서 대화를 한다. 남들이 보기엔 별것 아닌 일도 언제나 유쾌하고 행복한 느낌으로 받아들이고 표현한다. 그래서 그들은 인생의 주인공이 된다.

나는 성공에 집착하는 열정 중의 10분의 1만 양보하여 행복에 관심을 두면 많은 사람들이 행복해지고 세상도 참 좋아질 것이라고 본다. 오로지 성공을 향해 온 에너지를 집중하다 보면 대화를 나눌 여유가 없지만 행복에 관심을 두면 대화의 창이 늘 열려 있기 때문이다.

대화의 창이 열려 있는 사람은 누군가에 쫓기듯

마음이 급하지 않고 상대방을 헤아릴 줄 알기 때문에 별 잔소리를 하지 않는다. 그러나 마음이 바쁜 사람은 잔소리도 속사포처럼 빠르고 많다.

유럽 여행 중 스위스에서 있었던 일이다. 식당에서 점심을 먹는데 한 아이가 어머니로부터 잔소리를 듣고 있었다.

"너는 항상 그 모양이야! 지난번에도 그러더니."

속사포 같은 잔소리가 계속되었다. 한국 아줌마의 잔소리는 가히 세계적이라고 생각하며 아이를 보니 변명도 못한 채 기가 잔뜩 죽어 있었다.

무슨 일인고 하니, 융프라우 봉우리를 가려면 겨울 잠바를 준비해야 하는데 아침을 먹던 식당 의자에 벗어둔 채 그냥 온 모양이었다. 나는 그 아이가 하도 딱해 보여서 "괜찮아! 무슨 방법이 생길 수도 있어!" 라고 위로해주었다.

몇 시간 뒤, 만년설로 덮인 융프라우 봉우리에 감격하면서 관광을 즐기던 도중 그 아이를 다시 보았다. 예상과 달리 아이는 활짝 웃으면서 이렇게 말했다.

"아저씨! 나 잠바 찾았어요. 식당 사람이 오토바이

를 타고 와서 전해줬어요."

대화를 즐기려면 부정적인 대화 습관부터 고쳐야 한다. 함께 일을 하면서 '신경질 난다'거나 '지긋지긋하다'는 말을 자주 하는 사람도 있는데, 그런 행동은 자신의 무능함을 보여주기 위해 안달하는 것과 같다. 그래서 대화를 잘하려면 자신에게 즐겁지 않고 남에게도 불편한 말은 반으로 줄이는 것이 좋다.

싫다, 나쁘다, 지긋지긋하다는 말을 입에 달고 다니는 사람이 많다. 그런 사람은 나쁘다는 말 대신에 '좋지 않다'는 말로 바꾸어 표현하고 상황이 나빠지더라도 내가 모르는 좋은 일이 생길 수도 있다는 여지를 남겨두는 것이 필요하다. 그런 발상은 한순간에 감정을 너무 많이 쏟지 않는 여유가 있어야 가능하다.

길을 가다가 아이가 실수로 차도에 뛰어들어 자동차 사고가 날 뻔했을 때, "내가 뭐랬니? 차도에 뛰어들지 말라고 그랬지?" 하고 윽박지르는 엄마들은 자주 보지만 "많이 놀랐지? 다치지는 않았니? 엄마가 잠시 한눈을 파는 바람에 너를 챙기지 못했구나!"라고 말하는 엄마는 거의 보지 못했다. 안 그래도 놀란

아이를 일단 나무라고 나서 가슴을 쓸어내리는 것이 우리 어른들이다.

미국에서 희망자들을 모집해 전자 마이크를 부착하여 대화 기록을 조사한 연구가 있었다. 전자 마이크는 차를 몰고 가거나 식당에서 무엇을 건네달라는 말도 빠짐없이 기록하게 되어 있었다. 그런 장치를 통해 부부가 일주일 동안 나눈 대화 시간을 측정해보니 평균 17분이었다. 일주일이면 10,080분인데 그중 약 6천분의 1만 대화를 한다는 것이다. 하루 3분도 채 안 된다니, 놀랍지 않은가?

이동통신 회사에서 지역별로 평균 통화 시간을 계산해본 결과, 경상도가 다른 지역보다 낮게 나왔다고 한다. 그만큼 경상도 사람들은 과정보다 결론 지향의 대화를 한다고 믿어도 될 것이다. 그래서일까? 경상도 사람의 무뚝뚝한 성향을 소재로 한 우스개도 많다.

경상도 여자가 데이트 도중에 모처럼 남자에게 애교를 떨었다.

"달이 밝지예?"

남자가 아무 응답이 없자 한 번 더 말했다.

"달이 밝지예?"

"그래 참 달이 밝구나!"라고 맞장구를 쳐줄 것으로 기대했지만 남자의 입에서 나오는 말은 예상과 달랐다.

"보름달이니까 그렇지!"

드디어 이 경상도 커플이 결혼을 하고 제주도로 신혼여행을 갔다. 그런데 이게 무슨 조화인지 팔도의 남녀가 제주도에 다 모였다. 경상도 여자는 서울에서 온 신혼부부를 보면서 샘이 났다. 신부가 귤을 까서 "오른손으로 줄까, 왼손으로 줄까?"라고 애교를 떨자 신랑이 "응, 왼손!" 하고 받아치는 것이 아닌가. 그 장면을 본 경상도 여자도 똑같이 흉내를 내보았다.

"자기야, 귤 왼손으로 줄 거야, 오른손으로 줄 거야?"

그러자 남자는 벌컥 화를 내면서 이렇게 말했다.

"문디 가시내야! 사줘도 못 묵나?"

경상도 사람에 대한 우스개가 모든 경상도 사람에게 통하는 것은 아니다. 그렇지만 어느 한 지역은 그 나름대로 독특한 기질을 만든다. 경상도도 남도와 북도 사이에 기질 차이가 많다. 일반적으로 경상도 사람은 룰을 지키는 것보다 룰을 깨면서 전진하는 성향이 강하다. 그래서 바둑이나 골프 등 룰이 엄격한 게임은 경상도 사람의 체질에 맞지 않다. 유명한 골프 선수나 바둑기사는 호남 출신이 많다.

'쾌지나칭칭나네'라는 노래는 경상도 뱃사람들이 불렀던 노래였다. 그러나 그런 박진감 있는 노래는 전라도에는 없다. 대신에 '강강수월래'처럼 부드럽게 넘어가는 아낙들의 노래가 있다. 장경동 목사는 경상도 사람들이 잃어버린 10년을 되찾아오자는 주장을 할 때 속이 뒤틀렸다고 한다. 충청도나 강원도 사람들은 한 번도 잡지 못한 권력을 고작 10년 동안 남에게 맡기고서 뺏긴 것을 찾아야 한다는 것이 말이 되느냐는 것이었다.

충청도 사람들은 좋은 말로 심성이 넉넉하고 나쁜 말로 모질지 못하다. 장경동 목사도 경상도 사람을 아니꼽게 볼 것만 아니라 그동안의 인기와 성공을 더 높고, 넓고, 깊은 쪽으로 드라이브를 걸어야 한다. 한 방 더 날려야 승리할 수 있다는 것이다.

대화를 잘하는 것은 차이를 인정하고 존중하는 마음에서 비롯된다. 그러니 상대방을 제압하려고 하지 말고 그와 통하려고 하라! 행복 역시 누가 누구를 이기는 것이 아니라 통하는 삶을 사는 것이다. 언제 누구와 통하는가? 바로 지금 여기서 하는 일과 만나는 사람과 통하는 것이다. 그래서 행복한 사람은 새로운 도전을 즐긴다. 내가 다니는 교회의 강종수 집사님은 일주일에 세 번 피아노 학원에 다니시는데 당신의 연세는 86살이시다.

행복하게 살려면 지금 보내는 시간들이 행복과 통할 수 있어야 한다. 아름답게 피어 있는 장미를 즐기려면 지금 이 순간 피어 있는 모습에 감탄할 수 있어야 한다. 〈시간을 내세요〉라는 시를 보면서 하루에 15분을 투자하는 여유를 길러보자.

'생각할' 시간을 내세요. 힘의 근원이 됩니다.
'즐길' 시간을 내세요. 영원한 젊음의 비결입니다.
'독서할' 시간을 내세요. 지혜의 근간이 됩니다.
'기도할' 시간을 내세요. 지구상에서 가장 위대한 힘입니다.
'사랑하고 사랑받을' 시간을 내세요. 하나님께서 주신 특권입니다.
'다정하게 대할' 시간을 내세요. 행복으로 가는 지름길입니다.

'웃을' 시간을 내세요. 영혼의 음악입니다.
'베풀어줄' 시간을 내세요. 이기적으로 살기에는 인생이 짧습니다.
'일할' 시간을 내세요. 성공하려면 치러야 하는 대가입니다.
'자선을 할' 시간을 내세요. 천국으로 가는 열쇠입니다.

나는 〈시간을 내세요〉라는 시에 '대화할'이라는 말을 덧붙이고 싶다.

'대화할 시간을 내세요. 메마른 가슴에 물을 채우는 길입니다.'

우리나라 사람들은 표현하지 않아도 누군가 먼저 알아주길 바라는 경향이 있는데, 그래서 한 가지 더 덧붙이고 싶다.

'내가 먼저' 말문을 여세요. 대화를 여는 길입니다.

감정 관리

서럽거나 노하면 기운이 위로 치솟고
기쁘거나 즐거우면 기운이 아래로 처진다.
위로 치솟는 기운이 과하면 하초下焦가 상하고
아래로 처지는 기운이 과하면 상초上焦가 상한다.
_이제마 《동의수세보원》 '사단론'

산다는 것은 무엇일까? 중년이 되면 문득 그런 질문과 마주친다. 나름대로 세상에 대한 안목이 생기는 시점이기 때문이다. 나는 산다는 것이 끊임없이 감정의 고개를 넘는 거라고 본다. 그렇게 생각하는 배경에 이제마가 있었다. 처음에 나는 사람의 체질을 소음, 소양, 태음, 태양으로 나누어 보는 것이 이상했다. 지나친 단순화가 아닌가 하는 의문에 빠지기도 했다. 그러나 그 음·양의 원리를 알고 나니 감정 작용의 비밀도 이해할 수 있었다.

사람은 누구나 끌어당기는 힘과 배척하는 힘을 동

시에 갖고 있다. 끌어당기는 것은 내 몸에서 부족한 것이고 배척하는 것은 내 몸에서 넘치는 것이다. 내가 끌어당기는 것처럼 보여도 알고 보면 내 몸이 저절로 끌려가는 경우가 많다. 이때 너무 많이 끌려가거나 배척하면 곤란하다. 다시 말해 좋다고 해서 지나치게 즐거워하거나 기뻐하면 몸이 상한다. 틀림없이 되리라고 여기고 감정에 도취되면 일이 잘못되었을 때 실망도 크고 몸도 상하듯, 나쁘다고 해서 지나치게 노여워하거나 슬퍼해도 몸이 상한다.

인간은 젊어서는 골을 때리며 살고 나이가 들면 가슴을 치면서 산다. 젊어서는 '내가 왜 이런 것을 몰랐을까' 하면서 후회하지만 나이가 들면 '내가 좀 더 참고 사랑했어야 하는데' 라고 단식하기 때문이다. 머리를 탓하는 것은 판단력의 문제이고 가슴을 친다는 것은 감정 관리를 잘못했다는 뜻이다.

현대인들은 머리와 가슴이 다르다고 본다. 또 많은 사람들이 무슨 병에 걸리면 특효약부터 찾는다. 그런 사람은 이제마의 말에 귀를 기울일 필요가 있다.

"옛날 의사들은 사랑과 미움 그리고 희로애락이

치우쳐서 병이 되는 것을 알지 못했다."

이제마는 독이나 병균이 사람을 죽이는 것이 아니라 마음의 불, 즉 심화心火가 사람을 죽이는 것이라 말하며 심화 관리법을 제안했다. 서양의학에서 스트레스란 말을 쓰기도 전에 이미 그는 스트레스의 본질을 알고 있었던 것이다.

중년의 우울증에 대한 대화를 나누던 중 강 교수는 이제마에 대한 자세한 소개를 원했다. 이제마는 우리나라 최초의 정신과 의사라는 내 말에 호기심을 보인 것이다.

"감각과 생각 그리고 감정과 행동이 전체적으로 보면 서로 연결되어 있다는 게 이제마의 주장이야. 그래서 그는 몸의 병도 마음으로 보았고 마음의 성향도 타고난 몸의 차이로 보았지."

내가 그렇게 말하자 강 교수는 고개를 갸우뚱거리며 이렇게 말했다.

"몸과 마음을 하나로 연결해서 본다? 거참 거시적인 통합이구먼. 그렇다면 이제마는 의지를 어떻게 보았나?"

의지라는 것도 알고 보면 감정의 연장이다. 니체

는 '선과 악을 넘어서'라는 글에서 쇼펜하우어가 말한 의지에 대해 반박했다.

> 쇼펜하우어는 (의지에 대해) 대중적 편견을 채택하여 극단으로 밀고 나갔다. 나에게 있어 의지란 무엇보다도 복합적인 것, 단지 그 이름만 통일성을 갖는 것으로 보인다. 그리고 항상 결함을 갖는 철학자들의 감시를 떠올린 대중은 바로 이런 이름의 단일성 때문에 편견에 빠진다. 따라서 이번만은 더욱더 신중해보고 덜 철학자가 되자. 모든 의지 안에는 우선 다수의 감정들이 있다고 말해보자.

니체는 의지를 감각과 사고의 복합체이자 하나의 감정 상태라고 했지만 더 자세한 주장을 펼치지는 못했다. 반면에 니체와 같은 해(1900년)에 세상을 뜬 이제마는 감각과 사고 역시 의지와 연결시켜 설명했다. 그래서 나는 이제마를 세상에서 가장 뛰어난 '감정 관리론자'로 꼽는다.

무슨 일을 하려면 대단한 의지가 있어야 하는 것으로 여기는 사람이 많은데, 사실 의지가 일을 이루는 경우는 그리 많지 않다. 공부도 의지로 하는 사람보다 좋아서 즐기며 하는 사람이 더 잘한다. 이제마는 모든 감정이나 행동이나 의지의 바탕에는 좋아하고 싫어하는 성향이 있다고 했는데 그 성향이 바로 음·양이다.

"음·양의 원리만 알면 만사형통할 수 있겠구먼?"

강 교수는 단박에 동양사상을 관통한 것처럼 핵심을 포착했다. 그런데 신기한 것은 음·양의 모태인 기氣라는 말을 일상에서 자주 쓰면서도 그 의미를 깊게 생각하는 사람은 드물다는 것이다.

우리는 일상에서 인기가 좋다, 분위기가 어떻다, 얼굴이 상기되었다, 감기에 걸렸다, 동기 간에 우의가 있어야 한다는 식으로 '기'란 말을 자주 쓴다. 기를 가장 쉽게 말하면 법칙인데 그 법칙은 '영구불변한 것'이 아니라 '음·양 이 서로 어울려 조화하면서 순환한다'는 것이다.

불은 항상 위로 솟고 물은 항상 아래로 스민다. 사람의 기질도 밖을 향하면 양이고 안을 향하면 음이다. 그 크기에 따라 크면 태양, 태음이고 작으면 소양, 소음이다. 이제마가 사람을 사상四象으로 본 진정한 의도는 각자가 제 몸과 마음을 알고 서로 조화하는 길을 알려주기 위해서였다.

"스트레스 관리를 이제마 식의 감정 관리로 설명

하면 어떻게 되지?"

"밖으로 나서는 행동을 좋아하는 양인陽人은 슬픔이나 노여움 등 부정적인 감정을 잘 느끼고 안을 지키는 행동을 좋아하는 음인陰人은 기쁨이나 즐거움 등 긍정적인 감정을 잘 느끼지. 그렇듯이 한 사람 안에 서로 다른 음·양의 힘이 대립되어 있어. 그래서 태양인이라면 노여움이 급한 것을 조심해야 하고, 소양인은 슬픈 마음이 급한 것을, 태음인은 즐거움이 넘치는 것을, 소음인은 기쁨이 넘치는 것을 조심하라는 거야."

"사람마다 감정 패턴이 있는데 그것을 미리 알고 조심하면 조화를 이룰 수 있다는 얘기구먼. 실제 사례로 얘기하면 더 좋을 것 같은데……."

"황우석 교수의 사태가 그래. 황 교수는 전진 지향의 소양인이라 마무리 과정을 기록하고 살피지 못했어. 하지만 함께 일하기로 한 미국의 새튼 교수는 확실한 것을 추구하는 소음인 기질이 많아 위험과 불안을 느끼고 중간에 빠져버린 것으로 해석할 수 있어."

"그러니까 전진하기 좋아하는 사람은 마음 관리에 신경을 더 쓰거나 그에 능한 사람의 도움이 필요하고 지키기에 급급한 사람은 길을 열어 전진하는 진취성을 기르거나 그런 사람과 함께 일하는 것이 좋겠구먼."

"맞아!"

"다음 주에 만날 때는 자기 체질 아는 방법을 알려주게."

마음의 균형, 심장

> 사람됨이 교만하면 반드시 사치와 색을 탐하고, 사람됨이 게으르고 태만하면 반드시 술과 음식을 탐하며, 사람됨이 한쪽으로 기울고 급하면 반드시 권세를 다투고, 사람됨이 탐욕스러우면 반드시 돈과 재물로 죽는다.
>
> **_이제마, 《동의수세보원》 '광제설'**

이제마는 인간의 다섯 가지 행복으로 '오래 사는 것', '마음 씀씀이가 고운 것', '독서를 즐기는 것', '재산을 일구는 것', '세상에서 사람 도리를 하는 것'을 들었다.

오래 사는 것이나 재산을 일구는 것은 별다른 설명이 필요 없을 만큼 공통적인 희망이다. 그러나 독서, 마음 씀씀이, 세상에서 도리를 다하는 것은 일반인들이 생각하는 것과 좀 다르다.

이제마가 독서를 강조한 것은 선비를 위해서 한 말이 아니라 일하는 농부를 위해서 한 말이다. 생각없이 몸만 움직이면 건강에 좋지 않으니 평소 책 읽기를 게을리 하지 말아야 한다는 것이다. 그와 반대로 늘 책을 읽는 선비들은 짬을 내서 몸을 움직여 밭을 가는 농사를 지어야 한다고 했다. 이제마가 강조한 독서는 생각하며 일하고 일하면서 생각하는 지식 경영의 자세를 촉구한 것이기도 하다.

이제마는 마음 씀씀이가 착한 사람이 오래 산다고 했다. 그는 고집스럽고 남을 시기하는 마음을 뜻하는 단어인 심술心術 대신에 마음 씀씀이가 고운 것을 미심술美心術로 표현했다. 이제마가 말하는 마음 씀씀이의 핵심은 마음의 중심을 잡고 감정의 균형을 이루는 것이다.

세상의 도리를 하려면 저마다 타고난 본성에 맞는 일을 하는 것이 좋다. 여름철에 오이나 참외 등 차가운 것을 먹으면 배탈이 잘 나고 아무리 더워도 이불을 덮고 자야 하는 사람이 있다. 이런 사람은 위나 비장이 약한 대신 신장이 강한 소음인이다. 그래서 소음인은 구석에 처박혀 이것저것 따지며 구분하기를 좋아하므로 분석형 업무가 어울린다.

시원한 수박이나 참외나 맥주를 즐기고 피곤하면 얼굴이 자주 붓는 사람이 있다. 이런 사람은 위나

비장은 강하지만 신장이 약한 소양인이다. 한의학에서 본 비장은 음식의 영양분을 받아들여 배달하는 역할을 한다. 그래서 소양인은 여기저기 바쁘게 쏘다니기 좋아하고 사람 사귀기를 즐기므로 활동적인 영업이나 자신을 표현하는 예능직이 어울린다.

찜질방이나 사우나에서 땀을 빼면 기분이 좋아지고 돼지고기보다 쇠고기를 좋아하며, 뜨거운 국이 있어야 밥맛이 좋은 사람은 태음인이다. 태음인은 간이 발달한 대신에 폐가 약하다. 한의학에서 간은 하늘의 기운을 받아들이는 역할을 한다. 사람들을 두루 포용하는 태음인은 각종 모임 만들기를 좋아한다. 전원일기의 양촌리 회장, 최불암 스타일인 태음인은 세상일을 즐겁게만 생각하는 경향이 있어서 관리형 업무가 어울린다.

하체보다 상체가 발달했고 머리가 크며, 답답한 것을 싫어하고 평소 차고 시원한 것을 즐기는 사람은 태양인이다. 태양인은 폐가 발달한 대신에 간이 약하다. 한의학에서 폐는 하늘의 기운을 배출하는 역할을 한다. 그래서 태양인은 남이 생각하지 못한 일을 저지르고 세상 고민을 자신의 고민으로 여긴다.

이런 태양인에게는 남다른 아이디어가 필요한 개발형 업무가 어울린다.

특별히 좋거나 나쁜 체질은 없다. 다만 자기 체질을 알고 다른 사람과 조화를 이루며 잘 어울리는 것이 중요하다. 모든 일에 빈틈이 없어야 하고 약속은 반드시 지켜져야 한다고 믿는 소음인의 경우 피치 못할 사정으로 불가피하게 약속이 변경되는 경우를 잘 받아들이지 못한다.

'오늘이 만난 지 백 일째 되는 날인데 벌써 마음이 변했을까?'

이처럼 자기중심적인 사고방식으로 인해 사소한 일에 자주 흔들리고 휩쓸리면 제 몸도 아프고 상대방에게도 부담을 준다. 항상 '그럴 수도 있다'고 여기는 것이 나를 편하게 하고 상대방으로부터 더 큰 신뢰를 얻을 수 있는 방법이다.

소양인의 경우 상황에 민첩하거나 감정 표현 욕구가 강해 수시로 계획을 바꾸는 경향이 있는데, 이것은 자신에게는 좋을지 몰라도 남의 감정을 배려하지 못하는 행동으로 비칠 수 있다. 치밀함이나 뒷마무리가 부족하기 때문이다. 그래서 소양인은 계획을

관리해주는 파트너의 도움을 받는 것이 좋다.

태음인의 경우 머릿속이 복잡하다. 혼자서 쓸데없는 생각을 지어내거나 이런저런 체면을 의식하기 때문이다. 좋게 말하면 은근과 끈기가 많은 점잖은 사람이고 나쁘게 말하면 겉과 속이 다른 음흉한 사람이다. 그래서 태음인은 단순하고 분명한 원칙을 지키는 관리가 필요하다. 또는 밝고 명랑해 보이는 소양인과 파트너가 되어 기분의 탄력을 살리는 것이 좋다.

태양인의 경우 세상 사람들에게 빛이 되는 아이디어를 실천하려 하다 보니 세세한 것을 건너뛰기 쉽다. 스케일이 작은 것을 소심하다고 보지 않고 치밀하다고 보면서 인정해야 남의 도움을 받는다. 때문에 태양인은 남의 말에 귀를 기울이는 여유를 가져야 크게 실망하여 슬퍼하는 일을 줄일 수 있다.

이제마는 몸과 마음이 건강한 사람을 성인으로 보았다. 그가 생각한 성인은 보통 사람과 같다. 다만 그는 보통 사람보다 더 높이 솟아난 심장을 지닌 사람으로 보았다. 이제마가 본 심장은 마음의 균형을 조정하는 것이고 상징적 의미에서 태극이다. 그리고 태극은 끊임없는 변화 속에서 항상 중용을 유지한다.

이제마를 요즘 시각으로 보면 '웰빙 컨설턴트'라 부를 수 있을 것이다. 그는 사람을 네 종류로 구분해서 보았지만 결정론에 빠지지 않았고 제 몸도 제대로 모르면서 의지만으로 미래를 꿈꾸는 행복 개척론의 무모함도 피했다. 그런 점에서 백여 년 전에 살았던 이제마의 사상은 21세기에도 유효하다. 적어도 그가 현대인에게 인생의 나침반을 남긴 것만은 분명하다.

이제마가 강조한 행복은 감정 관리를 잘해 몸과 마음을 건강하게 하여 세상의 도리를 다하는 것이었다. 그것을 그는 행세行世로 표현했다. 도리를 다하는 사람의 모습은 여성관, 친구관, 사교, 정치 등에서 다양하게 전개된다. 이제마의 말로 들어보면 다음과 같다.

"숙녀를 공경하면 여색의 중도를 얻을 것이고, 좋은 벗을 사랑하면 술을 즐기며 명덕을 얻을 것이고, 현명한 사람을 따르면 적당한 술책을 얻을 것이고, 외롭고 가난한 백성을 보호하면 재물의 공덕을 얻을 것이다."

4장

용틀임의 길

_어울리며 살자

내가 존재하기 위해서는 나 아닌 남이 되어야 한다.
내게서 뛰쳐나와 남들 사이에서 나를 찾아야 한다.
남들이란 결국 내가 존재하지 않으면 존재하지 않는
것. 그들은 나에게 완전한 실존감을 준다.
홀로 서는 나는 존재하지 않는다.
항상 우리가 있을 뿐이다.
나와 너 사이에서 우리가.

_옥타비오 파스《태양의 돌》

행복의 조건

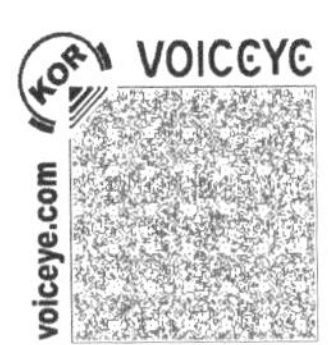

"우리는 자연의 이자로만 살아야지
원금을 까먹으면 끝이야."
_박경리

강 교수를 생각하면 '짐마차를 끄는 말처럼 살지 않았나'하는 생각이 든다. 아버지의 얼굴도 모르고 자라서, 철없이 까불고 유쾌하게 보낸 소년 시절이 없었던 그는 늘 심각한 의문을 품고 살았다. 그러니 그가 철학 교수가 된 것은 정해진 운명이었는지도 모른다.

그와 달리 나는 여기저기를 돌아다니는 역마차를 끄는 말처럼 살았다. 그런 내가 강 교수를 만난 것은 짐마차를 끄는 말과 역마차를 끄는 말이 한 마구간에 머물며 같은 구유 속의 먹이를 먹는 것과 비슷했다.

짐마차의 말은 역마차의 말을 부러워하고 역마차의 말은 짐마차의 말을 부러워했을까? 가끔 그런 생각이 들 때도 있지만 지금은 두 사람 인생이 비슷했다는 생각에 놀랄 때도 있다.

강 교수를 만나기 전에 나는 이제마에 빠져 있었다. 어릴 때 집안 식구들의 숱한 죽음을 경험한 이제마는 생명과 초월의 철학자였다. 그는 저마다 타고난 품성을 살릴 때 세상이 크게 한 가지로 통한다고 했다. 그가 꿈꾼 세상은 자기를 살리며 오래 사는 세상이었다. 강 교수가 하이데거를 전공했다는 것은 내가 이제마에 몰입했던 것과 통한다. 하이데거 역시 죽음을 초월하는 존재의 개별성을 강조했기 때문이다.

사람마다 자기를 초월하려는 의지가 있다. 그러나 어떤 초월이라도 타고난 본성을 무시하고 이룰 수는 없다. 그래서 사람은 생긴 대로 산다.

사람은 생긴 대로 살아야 한다. '왜 이렇게 생겼나?'라고 한탄하기보다 생긴 대로 삶을 꾸려야 편하다. 학생들 중에는 '왜 나는 공부 방법을 모를까?'라고 한탄하는 젊은이들도 있다. 세상에 정해진 방법이 있더라도 모두에게 적용할 수 있는 것은 아니다. 그러니 공부 방법에 매달리지 말고 자기 방식대로 공부하는 길을 열어야 한다.

지금 나는 내 방식대로 행복을 말한다. 시도 아니

고 소설도 아니고 그렇다고 에세이도 아니고 논픽션 수기도 아닌 글을 쓰지만 행복을 전달하는 데 장르의 구분이 반드시 필요한 것은 아니라고 본다.

행복을 소개할 때 가장 먼저 하고 싶은 말은 낙천성이다. 낙천성은 세상을 긍정적으로 보는 성향이다. 미국의 수녀(180명)들이 평균 22살에 수도원에 들어온 직후 작성했던 자서전을 60년 뒤에 다시 읽어보고 분석한 연구가 있다. 젊은 날의 자기소개가 만년의 인생과 무슨 관계가 있을까 했는데 재미있는 결과가 나왔다. 긍정적인 감정 표현을 많이 쓴 자서전 작성자가 그렇지 않았던 사람들보다 더 오래 살았다는 것이다.

프랑스 여론조사 협회가 천 명에게 행복의 조건을 물어본 적이 있다(2002). 복수로 응답하게 한 결과 1위를 차지한 것은 '다른 사람을 행복하게 만든다(44%)'였다. 두 번째는 '삶이 자신에게 베푸는 것을 감사한다(38%)', 세 번째는 '이상을 품고 충실하게 산다(23%)', 네 번째로 '자연과 더불어 조화롭게 산다'와 '자기 자신을 아는 법을 배운다'가 각각 18%였다.

행복의 조건은 간단하다. 남을 행복하게 하고 감

사하면서, 이상을 추구하며 자연과 더불어 살면 된다. 그러나 실상 그런 조건을 실천하기는 쉽지 않다. 그 이유는 아마도 한 푼이라도 더 벌어야 행복해진다는 믿음이 강하기 때문이리라. 그런데 프랑스 사람들은 물질적 부를 중시하지 않는 것을 다섯 번째 행복 조건으로 보았다.

나는 가장 중요한 행복의 조건은 한 마디로 '어울림'이라고 본다. 어울림이라는 단어로 행복의 모든 조건을 통합할 수 있다. 다른 사람과의 어울림, 직분을 다하고 노력하는 어울림, 자연과의 어울림, 진정한 자기와의 어울림, 주어진 물질과의 어울림 등이다.

나는 프랑스 여론조사의 행복 조건에서 자기 알기(18%)를 주목한다. 자기를 안다는 것은 드러난 모습뿐만 아니라 숨겨진 나를 안다는 의미도 있기 때문이다.

세무 공무원으로 일했던 친구의 이야기다. 그는 사람이 좋다 보니 매일 밤 접대를 받았고, 그러다 보니 유흥업소 여성 종사자들을 많이 만났다. 그런데 어느 날 어떤 여인이 아는 체를 하기에 습관적으로 "영업 잘되지요?"라는 인사말을 했더니 그 여인의 인상이 잔뜩 흐려졌다. 이상하다는 기분으로 곰곰이 생각해보니 아뿔싸, 그 여인은 친구의 부인이었다. 그 일을 발단으로 한동안 '도대체 내가 지금 어떻게 살고 있는가' 하는 의문에 휩싸인 그는 세상의 욕망을 끊고 스님이 되었다.

나는 그 친구가 스님이 되고 나서 비로소 얼굴이 편안해졌음을 느꼈다. 그동안 가짜 자기 흉내를 내느라고 그는 얼마나 힘들었을까? 그렇듯이 행복은 일상의 계산을 초월하는 곳에 있다.

슈바이처는 "성공한 사람이 행복한 것이 아니라 행복한 사람이 성공할 수 있다"고 했다. 그렇지만 행복은 젊은이의 몫이 아니다. 그 나이에는 행복보다 성공에 눈이 멀어 있기 때문이다. 그래서 내가 말하는 행복은 마흔 고개를 내다보는 예비 중년에게 통한다. 젊었을 때 남이 나를 어떻게 보느냐를 중요시했더라도 중년이 되면 삶의 의미를 주관적으로 느낄 수 있어야 하기 때문이다. 중년에는 성공도 중요하지만 행복이 더 중요하다. 행복을 우선으로 삼으면 에너지 배열과 시간표를 바꿔야 한다. 그것은 머릿속에 있었던 성공 지도를 행복 지도로 바꾸는 것이다.

나는 대야미를 거닐면서 머릿속의 지도가 바뀌는 것을 느낀다. 봄철에 모내기를 앞둔 논에 물이 차 있는 것을 보면 그렇게 기분이 좋을 수가 없다. 게다가 하얀 왜가리가 논에서 거니는 모습을 보면 살아 있는 자연의 기쁨을 실감한다. 조금 더 얻으려고 농약을 치면 왜가리가 날아오지 않는다. 그러나 덜 얻더라도 자연농법을 하면 왜가리가 날아온다.

무엇이 진정한 행복일까? 나는 왜가리가 날아올 만큼 땅을 아끼고 사랑하는 농부의 마음이 행복이라고 본다. 과거의 나는 세상에는 부자와 가난한 사람, 두 부류만 있다고 믿었다. 그러나 요즘 나는 세상 사람을 봄여름에 개구리 소리를 들으면서 사는 사람과 그렇지 못한 사람으로 구분한다. 소유의 삶에서 어울림의 삶으로 변한 내 삶이 신기하다.

10가지 행복 에너지

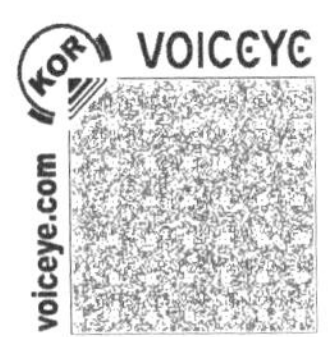

나는 상담을 할 때마다 꿈 얘기를 꺼낸다.
지금 당신의 꿈은 무엇입니까?
어릴 때 꿈은 무엇이었습니까?
지금 당신은 어릴 때의 꿈을 얼마나 달성하셨습니까?
만약 앞으로 10년 동안 마음대로 인생을 설계할 수 있다면 무슨 일을 하고 싶습니까?
_서정희

중년이 되면 갈 길이 정해진다. 이왕 길이 정해졌다면, 그 인생을 차별화해야 한다. 이런 말을 하면 당장 먹고살기도 바쁜데 웬 차별화냐고 반문하는 사람도 있다. 차별화Differentiation는 발상을 바꾸어 뭔가 다르거나 분명한 특징을 보여주는 것이다. 무료로 영정 사진을 찍어주는 사람들은 색다른 말로 어르신을 설득한다. 영정 사진을 찍어준다고 하면 마치 죽으라고 권유하는 것 같아서 '장수 사진'을 찍어드린다고 하는 것이다. 봉사를 하러 갔을 때도 새로운 접근 방식이 필요하다.

해병대 들어가면 고생한다고들 한다. 그럼에도 불구하고 많은 젊은이들이 해병대를 지원한다. '한 번 해병은 영원한 해병!'이라는 슬로건 말고 무엇이 해병대를 표현할 것인가. 해병대를 차별화하는 것은 의외로 작고 보잘 것 없다. 팔각형 모자, 빨간 명찰, 새미 군화 정도뿐이다. 하지만 그 세 가지는 다른 부대에서 따를 수 없는 차별화된 것이다. 그래서 차별화는 상징과 통하고 상징은 꿈이 된다.

요리사가 꿈이라는 대학생이 있었다. 그런데 그는 학교 공부에 모든 시간을 할애하고 있었다. 대학이 어떤 곳인지 이미 경험했으니 학교를 계속 다닐 것이 아니라 싱가폴이나 방콕에 가서 전문 요리학교를 다니는 것이 낫지 않겠느냐고 했더니 그는 이런 말을 했다.

"한국에서는 무슨 일을 해도 대학 졸업장이 있는 것이 유리하기 때문에 졸업을 하고 요리학원에 다닐 생각입니다."

나는 그 대학생에게 한국에서만 활동할 요리사가 되는 것이 꿈이냐고 묻지 않을 수 없었다. 그러자 그는 요리를 좋아하지만 아버지가 대학을 나오라고

하시니 어쩔 수 없다고 했다. 이 대학생처럼 정말로 자신이 좋아하는 것이 있어도 열정을 투자하지 못하는 사람이 꽤 많다.

마케팅 전문가가 되어 독립을 꿈꾸는 사람을 만난 적이 있다. "그 꿈을 위해 무엇을 얼마나 투자하고 있느냐"는 질문을 하자 그는 한숨을 쉬었다.

"그러게 말입니다. 대학원을 다니거나 독서 프로그램을 짜서 나를 단련해야 하는데, 그저 마음뿐입니다. 이런 상태라면 아예 꿈이 없는 것보다 못하겠지요?"

행복을 만드는 에너지는 꿈Dream이다. 꿈이 있는 사람은 헌신Devotion의 주인공이다. 그리고 이 헌신에는 뜨거운 열망인 디자이어Desire와 반드시 이루고 말겠다는 결심이 뒷받침되어야 한다. 38살까지 오직 전업주부로만 살다가 우연히 카피라이터란 직업을 거쳐 칼럼니스트와 전문 강사로 활동하는 최윤희 씨가 있다. 그녀는 꿈과 헌신의 길을 열기 위해 열망과 결심으로 인생을 디자인Design 했다.

꿈을 위해 변신할 수 있는 기회는 그리 자주 오지 않는다. 그러나 40살이 되면 누구나 변신의 기회를 맞는다고 한다. 나는 그 주인공으로 조선희 씨를 든다.

"무사왔수과."

조선희 씨가 처음으로 쓴 책 《마흔에 밭을 일구다》의 첫머리는 그렇게 시작된다. 서울에서 살다가 제주도에 농사하러 들어온 그녀를 보고 제주 사람들이 왜 왔냐고 묻는 말이 "무사왔수과"였다.

마흔 살에 새로운 시도를 한 조선희 씨의 변신 과정을 보면 그 치밀한 준비에 감탄하지 않을 수 없다. 농촌 생활을 단순히 낭만으로 보지 않고 미리 공부한 것은 둘째로 치고 자녀들이 심심하게 여길 것에 대비해 하모니카와 바둑을 배우게 하고 앞으로 키울 동물들에 대해 상상을 하게 했다.

조선희 씨에게 전원생활을 제안한 것은 남편이었다. 전원생활은 동물 기르기를 좋아하는 남편의 오랜 꿈이었고, 다행히도 조선희 씨는 무엇이든 만드는 것을 좋아했다. 그래서 기꺼이 새로운 전원생활에 동참할 수 있었다. 그녀는 바느질, 벽돌쌓기, 톱질 등 손을 움직여 하는 일을 즐기고 버거운 인내와 노동의 시간을 행복으로 여긴다.

조선희 씨는 삶의 중심에 행복을 놓는다. 그래서

출퇴근을 서두르지 않고 가족이 함께 식사를 한다. 그녀의 행복 키워드는 땅, 식물과 생명, 미래, 가족 같은 것이다.

지금까지 나는 행복 에너지인 6가지 'D'를 소개했다. 디프런시에이션, 드림, 디보우션, 디자이어, 디터미네이션, 디자인이 그것이다. 여기에 일단 저지르면 끝까지 몰고 가는 에너지인 드라이브Drive가 필요하다.

충청도의 한 부자父子가 산에 오르는데 난데없이 위에서 바윗돌이 떨어진다. 먼저 발견한 아들이 외친다.

"아부지! 돌 내려와유!"

그러나 아버지는 죽고 만다. 아들이 돌 내려온다는 말을 늦게 해서가 아니다. 그럼 왜일까? 돌아가신 아버지 옆에서 자식은 이렇게 한탄한다.

"두 갠디……."

돌 내려온다는 말을 들은 아버지는 돌이 하나인 줄 알았다. 그래서 한 번 비켜서고는 안전한 줄 알고 담배를 무는 순간 두 번째 돌이 덮친 것이다. 세상일은 연속적으로 벌어지는 경우가 많다. 때문에 무슨 일을 시작했으면 끝이 날 때까지 '드라이브'를 작동을 멈추지 말아야 한다.

행복 에너지의 여덟 번째 'D'는 지금의 시대에 맞는 디지털Digital이고, 아홉 번째는 상황에 따라 둘러 갈 수 있는 '변신력'인 디투어Detour이다. 디지털에 대한 설명은 더 이상 필요하지 않을 것이다. 요즘 군대도 각종 정보를 디지털화해서 사이버 전투병을 양성할 정도니까.

영화 〈은행나무 침대〉나 〈태극기 휘날리며〉가 성공한 배경에는 실력 있는 분장 감독 윤예령이 있다. 그녀는 영화 〈우담바라〉의 주인공으로, 연기를 배우러 미국에 갔으나 자신보다 탁월한 사람이 많아 분장사의 길로 방향을 우회했다. 그 결과 그녀는 조국으로 돌아와 한국 영화의 수준을 높이는 데 일익을 담당했다. 그렇듯 중년이 되면 곧이곧대로 가는 길보다 조금 우회하는 길에도 관심을 가져야 한다.

가수 하춘화가 부른 영암아리랑을 들어보면 '달이 뜨은다. 둥근 달이-이-이 뜨-은-다' 하고 꺾이는 꼬부림이 일품이다. 이처럼 꺾임과 떨림의 유연성이 울림이 되듯, 둘러 가는 길은 때로 행복과 성공의 비결이 된다.

마지막 열 번째 'D'로 서로 나누는 공유인 디바이

드Divide가 있다. 운전을 하다가 요양원 근처를 지날 때마다 어르신들에게 30분 정도 시간을 내어 목욕 봉사를 하는 기사가 있다. "봉사를 하면 배우는 것이 더 많다"고 말하는 그는 할아버지들을 찾을 때 귤을 사들고 가는데, 받는 사람의 연배에 따라 반응이 다르다고 한다. 칠순의 어르신에게 귤을 두 개 드리면 하나 더 달라고 하시지만, 팔순의 어르신들은 두 개를 드리면 한 개는 돌려주시며 "너도 먹어라"고 하신다는 것이다. 죽을 때가 가까이 되어야 마음이 비워지고 감사한 마음을 안다는 것이다.

미국의 한 대학에서 올림픽 시상대에 선 사람들의 비디오테이프를 보고 누가 가장 행복한 미소를 짓는지 연구한 바 있는데, 그 결과 동메달을 딴 사람들이 가장 행복하게 보였다고 한다. 그 이유는 무엇일까?

금메달은 최고의 성공이지만 최고의 행복을 맛보기는 어렵다. 자신의 승리에 도취하기 쉽기 때문이다. 또 은메달을 딴 사람은 '조금만 더 잘했으면 금메달을 땄을 텐데'라는 아쉬움에서 벗어나기 힘들다. 세계에서 은메달이면 대단한 영광인데 한국의 은메달 수상자들은 죄를 지은 표정이라서 보는 사람을 더 안타깝게 만든다. 그렇다면 동메달을 딴 사람은 왜 최고로 기쁜 표정을 지을 수 있을까? 아마도 이런 마음 때문이리라.

'까닥하면 메달권에서 벗어났을 수도 있었는데 이게 웬 떡이람!'

감사하고 함께 나누고자 하는 마음만 있으면 최고가 아니더라도 큰 행복을 만끽할 수 있을 것이다.

추억의 힘

성문을 두드리던 손 알지. 그 손이 모래가 되고 성문은 스스로 지워지던 거. 당신이 성곽 근처의 하늘을 물소리로 지나갔던 거 기억하지. 물고기 몇 마리 유유히 날아서 따라가고 연못 바닥이 비어갔던 거. 그리고는 모르지. 옷을 벗어두고 아내가 돌 속으로 들어가던 거. 지금도 어느 젖은 마을의 물방울이신 당신. 모르지. 이 세상에 돌 하나 살쪄가는 거. 성문마다 팔뼈 하나씩 빗장 걸리는 거.

_이정주 《돌 속의 잠》

과거의 추억도 행복의 자산이 된다. 그런데 과거를 대수롭지 않게 말하는 사람도 있다.

"과거는 더 이상 우리의 신체를 긴장시키지 못한다. 왜냐하면 과거는 더 이상 위험을 드러내지 못하기 때문이다."

과거가 신체를 긴장시키지 못한다고 발한 사람은 《느리게 산다는 것의 의미》를 쓴 피에르 쌍소이다.

그렇게 과거를 단순하게 본 그였지만 뭔가 미심쩍었는지 이런 말을 덧붙였다.

"어찌된 일인지 현대인들은 과거를 다시 재현하고 싶어 한다."

과거에 관한 한 피에르 쌍소는 틀렸다. 과거는 신체를 긴장시키는 수준을 넘어 지배하기도 하니까.

아내가 첫 애를 가졌을 때였다. 입덧이 심했던 아내는 음식을 받아들일 수 없었다. 그런 와중에 아내가 유독 먹고 싶어 한 것이 있었다. 그것은 어린 시절 학교에서 급식으로 나누어주던 옥수수 빵과 간식으로 먹던 칡이었다.

입덧을 하는 아내에게 아무것도 해줄 수 없었던 나. 그때 나는 끈질긴 과거의 힘을 인정하지 않을 수 없었다. 어릴 때 먹던 옥수수 빵을 어디서 어떻게 구한단 말인가! 급기야 아내는 옥수수 가루를 사서 빵 비슷한 것을 만들어 먹기도 했다.

큰아들이 미국 유학을 갈 때 아내는 한바탕 울음을 터뜨렸다고 한다. '영화에서나 보는 미국 대학을 아들이 다니게 되다니!' 하는 감동 때문이었다. 마음껏 공부해보지 못해 한이 쌓인 사람답게 아내는 '내 아들만큼은 반드시 보내야지'라고 결심했다고 한다.

옥수수 빵에 대한 아내의 집착은 끝이 없었다. 한 달 뒤 아내는 미국에 있는 아들에게 특별한 주문을 했다. 옥수수 가루를 사서 부치라고. 아들로부터 옥수수 가루를 받은 아내는 그것을 보고 또 한바탕 울음을 터뜨렸다고 한다.

울음을 터뜨린 아내가 입술을 깨물고 도전한 일은 옛날에 먹었던 옥수수 빵을 재현하는 것이었다. 아내는 수차례 실패를 거듭하고 자문을 구하면서 어느 정도 비슷한 빵을 만들었다. 독일에서 10년을 살다 온 사람으로부터 빵 제조법을 배웠고 경상도 어느 시골에 있는 방앗간에 전화를 걸어 옥수수 가루를 좀 덜 빻아 보내달라는 특별 주문을 하기도 했다. 아내가 옥수수 빵을 만들기 위한 도전은 한마디로 '추억 부활의 오디세이'였다.

내가 아내로부터 옥수수 빵 재현에 관한 얘기를 들은 것은 최근이었다. 그랬구나. 그렇게 심혈을 기울이는 노력을 했구나! 나는 과거에 대한 아내의 집착을 인정하지 않을 수 없었다. 소녀 시절을 완전하게 받아들이기 위해 아내는 40년이란 세월이 필요했던 것이다.

옥수수 빵과의 재회는 가슴 아팠던 젊은 시절과 화해하기 위한 통과의례였다. 그런 생각을 하니 나 역시 꿈으로 타오르던 젊은 시절을 부활시키려고 대야미가 필요했던 것은 아닐까 싶다.

1970년대 중반까지 우리나라에 전기가 들어오지 않는 시골이 있었다. 나는 그런 산골 외딴집에 살면서 낮에 술 배달을 하고 밤에 공부를 했다.

그 시절 시골에는 뱀들이 많았다. 시골에서 자란 적이 없었던 나는 처음 뱀을 볼 때 징그럽다는 생각이 들었다. 그러나 자주 보게 되면서 생각이 달라졌다. 어떨 때는 꽃뱀을 보고 이렇게 말하기도 했다.

"너는 무슨 화려한 꿈이 있어서 온몸을 비단처럼 두르고 땅을 기면서 사느냐? 꽃이면서도 아름다움을 인정받지 못하고 뱀이 되어 기면서 사는 너야말로 내 신세와 똑같구나!"

20대 초반의 나는 그야말로 나를 학대하고 있었다. 그때 쓴 '악몽惡夢'이란 제목의 시를 보면 거듭나고 싶어 하는 그 시절 나의 몸부림이 느껴진다.

예쁜 비단을 두르자
폈다 오므렸다
자랑하며 가자
이 수풀 저 수풀
흐느적거리며 가자
딸랑 딸랑
방울소리를 내면서 가자
우헤?
헤헤헤!
죽여라 저놈!
뺀뺀스럽게 대가리를 치켜들며
자꾸만 나를 밉게 하는
나를 죽여라!

산골 생활의 가장 큰 불편함은 책을 구하기가 어려운 점이었다. 그런데 어느 여름날 술 배달을 간 집에서 평소 구하고 싶었던 역사부도가 평상 위에 놓여 있는 것을 발견했다. 주인에게 그 책을 가져도 되겠느냐고 물었더니 쉽게 허락했다. 그래서 나는 그것을 가슴에 품듯이 잠바 안에 넣었다. 참 기분 좋은 날이었다. 그날은 장마 중에 모처럼 날이 활짝 갠 날이라 빈 술통을 싣고 언덕길을 내려오는 기분이

상쾌하기 짝이 없었다.

신나게 자전거를 타고 언덕을 내려올 때였다. 미끄러운 바닥 길에 미끄러지는 순간 내 몸이 허공으로 솟구쳤다가 개울가로 처박혔다.

'아차! 큰일 났구나!'

그 순간 나는 어렵게 구한 역사부도를 넣어둔 가슴을 더듬어보았다. 다행히 책은 그대로 있었다. '휴!' 하고 한숨을 고르고 돌아보니 자전거는 찌그러진 채 구석에 처박혀 있었고 빈 술통은 불어난 냇물을 따라 춤추듯이 떠내려가고 있었다. 서둘러 빈 술통을 건져내고 망가진 자전거를 길 위로 끌어올려놓고 보니 신발은 아예 보이지도 않았다. 하는 수 없이 맨발로 자전거를 끌며 가야 했다. 그제야 나는 걸음을 제대로 걷기 어려울 만큼 다리가 불편해진 것을 알았다.

그야말로 맨발의 청춘이었다. 그동안 나는 신세를 탓하며 하늘을 원망했었다. 그렇게 하늘로 쏘았던 원망의 화살은 얼마나 많았나? 그런데 그날 절름거리면서 언덕길을 내려오기 시작할 때 갑자기 하늘에서 수많은 화살이 쏟아지듯 소나기가 퍼부었다. 신기하게도 그때 소나기는 내가 하늘에 쏘았던 원망에 대한 수백 배의 답장이 되어 가슴을 내리쳤다. 그날

나는 처음으로 하나님의 음성을 들었다.

'나는 네가 얼마나 힘든지 잘 안다. 널 꼭 보살펴주마!'

대야미를 처음 보던 날 나는 대야미가 젊은 시절 처음으로 하나님의 음성을 들었던 산골 마을과 같음을 알고 놀랐다. 그 추억의 힘으로 젊음의 부활에 대한 글을 쓰던 중에 옥수수 빵 얘기를 들었다. 아내는 아내대로, 나는 나대로 각자 화해할 과거가 있었던 것이다.

피에로 쌍소가 아내의 옥수수 빵에 대한 얘기나 나의 추억을 들으면 자신의 생각을 바꿀는지도 모른다. 나아가 한국인들이 풀고 싶은 한恨을 이해한다면 과거가 현재를 지배할 뿐만 아니라 미래를 여는 열쇠가 된다는 것에 놀라지 않을까?

모든 존재는 사라진다. 그러나 완전히 사라지는 것이 아니라 사라지면서 자신도 모르는 기호가 된다. 가난이 미워서 쫓아냈지만 어느새 그 과거가 다시 돌아와 고양이처럼 아양을 떨기도 한다.

용틀임의 길

만일 그대가
모든 사물의 밑바닥과 배경을 관찰하려면,
물론 이와 같이
그대 자신을 넘어서 위로 올라가야 한다.
높이, 더욱 높이,
그대가 그대의 별을 발아래 내려다볼 때까지!
_니체 《짜라투스트라는 이렇게 말했다》

행복을 보는 관점은 크게 두 가지로 나뉜다. 하나는 주어진 조건을 극복하여 의지를 발휘하면 행복할 수 있다는 개척론이다. 개척론은 하늘로 치솟는 수직형 인간의 주장이다. 다른 하나는 주어진 조건을 수용하여 그에 맞는 삶을 살아야 한다는 결정론인데, 이는 땅의 조건을 두루 살피는 수평형 인간의 주장이다.

개척론을 주장하는 사람은 잠재력 강화를 행복의 비결로 강조한다. 반면에 결정론자는 타고난 체질이

나 성품에 어울리는 직업이나 관계의 조화를 강조한다.

행복한 사람이 따로 있을까? 나는 그렇다고 생각한다. 2008년 3월 5일 BBC 인터넷판은 영국 에딘버러 대학교와 호주 퀸즐랜드 의학연구소 연구진이 공동으로 한 연구를 소개한다. 미국의 쌍둥이 9백 쌍을 연구한 결과 일란성(유전자가 동일한) 쌍둥이의 경우 경제적 환경이 달라도 행복 지수는 서로 비슷했다고 한다. 즉, 고급 승용차를 몰고 좋은 직장을 다니는 쌍둥이 형과 그렇지 않은 동생은 행복 지수가 별 차이가 없었다는 것이다.

모든 행복이 유전만으로 결정되는 것은 아니겠지만 사교적이고 성실한 사람들이 행복을 좀 더 쉽게 느낀다. 이런 성격적 특징이 유전이라면 결혼 파트너나 회사 직원도 행복한 사람을 가려서 뽑아야 할지도 모른다.

최근에 유전자 과학이나 생물학 지식을 예로 들어 결정론과 개척론을 통합한 행복론도 있다. 하지만 그 어느 것도 행복을 온전하게 말하지 못한다. 그래서 아예 행복이란 말 대신에 행운이란 말을 하면서 의미 있는 우연이나 신비를 믿는 사람도 있다. 영화 〈바그다드 카페〉도 그런 우연을 보여준다.

관광 여행 도중 부부 싸움으로 남편과 헤어져 사막 한가운데에 버려지다시피 내린 독일인 자스민은 고속도로변에 있는 휴게소이자 모텔인 바그다드 카페에 도착한다. 그런데 이 모텔의 안주인 브랜다도 남편을 방금 내쫓은 참이었다.

자스민은 바그다드 카페에 하숙하게 되고 그녀의 방을 치우던 브랜다는 펼쳐져 있는 남성용 옷들을 보고 도둑으로 의심한다. 그렇게 둘은 오해로 관계를 시작한다. 이들의 갈등은 브랜다가 집을 비운 사이에 쟈스민이 카페를 청소하면서 시작된다. 게다가 쟈스민은 브랜다의 가족에게 환심을 사려고 노력한다. 화가 난 브랜다가 말한다.

"당신 아이에게나 잘하란 말이에요."

그때 쟈스민이 말한다.

"저는 아이가 없어요."

화를 낸 브랜다를 피해 방 안에 들어온 쟈스민의 위안은 마술 세트다. 그녀는 어느 날 카페 손님에게 우연히 마술을 보여준 것을 계기로 용기를 내서 계속

마술을 하기 시작한다. 카페는 마술을 구경하러 온 사람들로 붐비기 시작하고 쟈스민은 브랜다 가족의 일원이 되어간다. 그러면서 즐거운 나날을 보내지만 여권 만료 기간이 지나 독일로 돌아가고, 마술을 그리워하던 사람들은 점차 바그다드 카페를 떠나고 브랜다도 쟈스민을 그리워한다.

나는 '수직형 인간'이나 '수평형 인간'을 아우르는 인간이 되고 싶다. 이 세상 모든 것은 서로 관련되어 있기 때문이다. 영화 〈바그다드 카페〉에서 그것을 암시하는 것으로 부메랑이 나온다. 던져도 다시 돌아오는 부메랑. 영화에서 캠핑하는 청년이 부메랑을 던지는 장면은 영화의 줄거리와 아무 상관이 없는 것 같지만 쟈스민이 다시 돌아오는 것을 암시하는 장치이다.

드디어 다시 돌아온 쟈스민! 그녀의 귀환을 통해 왕년에 잘나갔던 무대 장식가 데비를 비롯해 세상과 동떨어진 고독한 인물들은 사랑을 하고 새 출발을 한다. 이 이야기의 배경에는 서로가 서로를 자극하고 각성시키는 '의미의 순환'이 있다.

행복한 성공은 엘리베이터처럼 수직으로 상승하

는 것이 아니라 작은 새가 땅에서 가장 가까운 가지에 올라 동서남북으로 빙빙 돌려 앉듯이 순환하다가 더 높은 가지로 오르는 순환형이다.

빙빙 돌듯이 하나의 중심을 향한다는 말은 주변을 껴안고 함께 성장한다는 뜻이다. 그것은 마치 드라이버를 돌리면서 힘을 한곳으로 집중하는 것과 같다. 그 결과 더 높은 이상을 실현할 수 있다. 주변을 껴안고 하나가 되어 돌아라! 그것이 행복의 블루스이다. 그 옛날 원효도 불교를 머릿속에 가두지 않고 민중과 함께 춤추었다. 나는 이런 삶을 '용틀임 성공'이라고 부른다.

주변을 껴안고 하나가 되어 돌아서 성공한 현대인으로 누가 있을까? 불교 집안에서 태어나 젊은 시절 폐병에 걸려 사경을 헤매던 사람이 있었다. 우연히 성경을 보고 하나님에게 매달렸다.

'하나님! 당신이 나를 살려만 주시면 당신이 하셨던 일에 평생을 바치겠습니다.'

신학교를 나온 그는 천막을 사서 교회를 개척했으나 신통치 않았다. 절망에 빠진 사람들에게 천국을 얘기했으나 그들은 지금 당장의 천국을 원했기 때문이다. 그런 차이를 절감한 그는 마침내 원효의 방법을 따르기로 결심하고 종래의 방식을 포기하고 새로운 설교 방식을 선택한다. 교회에서 마음껏 울고 소리치게 한 것이다. 그런 방식으로 세계적인 교회를 만든 주인공이 바로 조용기 목사이다.

저무는 강가에 버려진 목숨 같았던 사람이 어떻게 세계 최대의 교회를 거느리는 인물이 되었을까? 청년 조용기는 성경을 처음 읽고 너무 기쁜 나머지 '신라의 달밤'이라는 노래를 불렀다고 한다. 찬송가가 있는 줄도 몰랐기 때문이다. 시작부터 형식에 얽매이지 않았기 때문에 그는 독특한 설교 방식을 창안했다. 그의 설교 방식은 용틀임처럼 꿈틀거리는 한국인의 심성과 통한다. 나는 방송을 통해 그가 설교하는 것을 보면 원효가 환생한 느낌을 받는다. 그의 설교는 숨통을 틔워주고 기통하게 해주면서 만사형통할 수 있다는 3통의 자신감을 주기 때문이다.

숨통, 기통, 만사형통이란 세 가지 소통이란 말은 내가 지어낸 말이다. 목구멍이 포도청이라고 먹고살기에만 급급하면 숨통이 막히고 기가 죽고 만사가 꼬인다. 그래서 사람은 밥만으로 살 수 없다. 그러니 어떤 식으로든 용틀임을 해야 한다. 용틀임하듯이 주변을 껴안고 하나의 중심을 향해 끌어올리면 너와 나를 초월한 새로운 우리가 된다.

마음의 통합, 꿈

가슴이 꿈을 품으니 마음이 길을 구하네.
개인의 꿈이 아니라 모두의 꿈이 되리니
나만의 꿈이 아니라 우리의 꿈이 되리니
어울려 이룰 꿈이니 이루는 자의 꿈이네.
_랭스턴 휴즈 《꿈》

앞에서 나는 행복 에너지를 열 개의 'D'로 풀어서 말했지만 그것들을 하나로 통합하면 꿈이다. 꿈이 있으면 남다른 삶을 디자인하여 확신을 키우며 살 수 있기 때문이다. 인생을 저녁노을처럼 붉게 물들이는 꿈은 세월이 흐르며 조금씩 익어간다. 그런데 꿈이 익기도 전에 열매를 따먹으려고 하다가 낭패를 보는 경우가 많다.

가만히 있으면 죽는 줄로 알고 무엇이든지 해야 꿈을 이룰 수 있다고 믿는 사람도 있다. 그런 사람은 한 번에 한 가지 일을 하면 불안을 느끼기 때문에 밥을 먹으면서 신문을 보고 음악을 들으면서 전화를 받는다. 그러나 이들이 정말 꿈에 가까워지고 싶다면 한 번에 한 가지만 하는 습관을 들이고, 자연이나 경치를 즐길 때 편안하게 그냥 바라보는 연습을 해야 한다. 한 장이라도 더 사진을 찍으려고 서둘지 말고.

불행 선고를 받은 사람처럼 거리낌 없이 행동하는 사람도 있다. 그런 사람은 무슨 일이 잘 안 풀리거나 꼬일 때 쉬면서 환경을 바꿔보는 것이 필요하다. 그런 가운데 다른 발상법을 배울 수 있고 문제의 심각성을 줄여 새로운 느낌표를 찾을 수 있다.

행복하려면 행복하지 않게 사는 길이 무엇인지 알면 된다. 행복하지 않게 사는 길은 내 기분을 나쁘게 하는 것은 물론 남의 기분도 망치며 살면 된다. 그 방법으로 남편이나 아내나 자식을 옆집의 사람과 비교하고 남편이 벌어주는 봉급을 다른 사람과 비교하여 말하는 것 등이 있다.

행복을 느끼는 것과 기를 살리는 것과 꿈을 키우는 것은 은밀한 마음속에서 일치한다. 그런데 그런 은밀함을 추구하지 못하는 사람은 자신의 기를 주체하지 못해 불행을 자초한다. 행복은 기분 좋은 말을 하면서 기분 좋은 꿈을 꾸는 조용한 삶이고 불행은

기분 나쁜 말을 하면서 남을 괴롭히는 꿈을 꾸는 시끄러운 삶이다.

왜 대부분의 사람은 조용한 행복을 누리지 못하는 것일까? 그것은 사람의 마음속에 나쁜 결과를 만들게 하는 무의식이 두더지처럼 숨어 있기 때문이다. 그 두더지의 힘을 미리 알고 마음을 다스리지 못하면 쓸데없는 감정에 휘둘리거나 남에게 피해를 주기도 한다. 평소 남을 비꼬거나 잔소리를 잘하는 사람이 있다. 그런 사람들의 마음을 깊이 진단해보면 어릴 때 무시당한 상처를 풀려는 두더지가 있다.

어느 유명한 목사님은 얼굴이 넓은 신자를 만나면 자기도 모르게 ‘ TV 화면에 얼굴이 다 안 나오겠다’는 식으로 말을 해서 상처를 주고 밤마다 후회를 한다고 한다. 그런 힘 역시 자기도 모르게 끌려가는 두더지라고 볼 수 있다.

마음속에는 천사처럼 용기를 주는 힘도 있다. 그것은 좋은 의미의 무의식이다. 소설 〈보물섬〉을 쓴 스티븐슨은 매일 밤 자기 전에 무의식을 향해 ‘좋은 꿈을 꾸게 해달라’는 특별한 주문을 걸었다. 그러면 꿈에서 ‘작은 브라우니’들이 나타나 이야기를 들려주었다고 한다. 작은 브라우니는 스코틀랜드 전설에 나오는 갈색 난장이로 농가의 일손을 도와주는 일을 했는데, 그가 잘 팔리고 재미나는 소설을 쓰게 해달라고 주문을 걸면 꿈속에서 작은 브라우니들이 나와서 도와주었다고 한다.

꿈은 나이에 따라 그 색깔이 다르다. 중년 이후의 꿈은 고독과 친해지는 연습이기도 하다. 말년의 아인슈타인은 “이제는 젊었을 때 그렇게 나를 괴롭게 했던 고독을 즐긴다”고 말했다. 고독을 즐길 정도가 되면 마음속에 행복 지도가 저절로 펼쳐진다. 그 지도는 만다라 그림 같은 것이다.

융에 의하면 사람들의 무의식 속에는 인류가 품어왔던 꿈이 있다고 하는데, 그런 꿈은 불교의 그림인 만다라와 같다. ‘만다manda’는 산스크리트 말로 본질을 뜻하고 ‘라la’는 변화를 의미한다. 만다라는 우주가 변하는 근본원리를 둥근 그림으로 보여준다. 나는 만다라 그림을 용틀임으로 본다.

피라미드는 남미에도 있다. 만주에 있는 장군총도 피라미드 형태이다. 이렇듯이 어느 곳에나 피라미드가 있는 이유는 무엇인가? 피라미드를 하늘에서 보면 정사각형과 대각선 가운데에 점 하나가 있다. 그것은 중심에 태양이 있는 만다라로 볼 수 있다.

여러 겹의 원 그림은 세계 어디에서나 발견되는데 그것 역시 만다라라고 할 수 있다. 프랑스 파리는 개선문을 중심으로 사통팔달 방사선 모양을 하고 있는데 많은 길들이 그곳에서 퍼져나가고 또 많은 길들이 그곳으로 모여들기 때문에 만다라와 같다. 윷놀이를 할 때 말들을 놓는 판도 만다라 모습이다. 그것은 북극성을 중심으로 북두칠성이 시간에 따라 순환하는 별자리의 그림을 합성시킨 것이기 때문이다. 낮에는 태양! 밤에는 북극성! 그 두 가지는 만다라의 중심이다.

민들레 홀씨나 꽈리 같은 열매들도 태양을 닮은 만다라 모습이다. 늦가을 말라비틀어진 호박 넝쿨을 걷다가 우연히 넝쿨 끝에서 애호박이 달려 있는 것을 발견할 때가 있다. 그 순간 신선한 희망의 만다라를 깨닫는다.

지금까지 우리는 내려갈 때 보았던 꽃이 쉼표를 통해서 얻는 것임을 알았고 그 가운데 너와 나 사이의 꽃을 보았다. 드디어 우리는 자기각성과 변화의 길이 자기 마음의 꽃을 만다라로 피어나게 하는 길임을 알았다.

꿈은 내 마음속에 있는 본래의 내가 세상에 나오려는 몸부림이다. 그래서 누구나 마음속에 초월의 꿈이 있다. 초월의 꿈이라고 해서 하루아침에 엄청난 기적을 이루는 것은 아니다. 그래서 그 꿈을 도닥거리듯이 늘 사랑해야 한다. 꿈을 이룰 수 있다고 믿으면서 노력하는 가운데 긍정적인 변화의 문이 열린다.

5장

하늘과 땅이 통하는 길

_감사하며 살자

젊었을 때 열심히 공부하고 노력하면 늙어서 행복해진다는 말이 있다. 나는 그 말이 현대에는 통하지 않는다고 본다. 현대는 50대에 퇴직해도 최소 30년이란 긴 세월을 더 살 수 있다. 행복은 그 나이에 맞는 감각을 살리고 그 나이에 맞는 에너지를 교감하는 진행형 속에 있다. 그래서 행복은 고생 끝에 오는 것이 아니라 지금 이 순간을 즐기는 현재의 발견에 가깝다.

_서정희

부모와 자식

의미 면에서 아버지는 어머니에게 비해 상대적으로 대우를 받지 못했다. 어머니가 대체로 감동과 감격적인 이야기의 소재가 되었다면 아버지는 그렇지 못했다.
_추태화 《영화가 내게 말을 걸어왔다》

한국의 성인들에게 행복에 관한 여론조사를 한다면 어떤 결과가 나올까? 아마도 '자식이 잘되는 것'이 가장 중요한 요건으로 꼽힐 것이다. 옛날부터 우리네 부모들은 자식을 위해서라면 어떤 일이라도 해야 하는 것처럼 여겼다. 그런 열망이 세계 최고에 버금가는 교육열을 낳은 것이다.

자식이 잘된다는 말 속에는 자식에 대한 사랑을 건강한 환상으로 바꾸어보려는 엉뚱한 속셈이 있다. 미국의 정신과 의사인 스캇 펙은 《거석을 찾아서 내 영혼을 찾아서》라는 책에서 자식에 대한 환상을 이렇게 말한 적이 있다.

"아이 키우기는 환상의 연속이다. 아이들이 기저귀에서 벗어날 때면 키우기가 좀 더 쉬워지리라고 생각했다. 그러다가 초등학교에 갈 때는 좀 더 쉬워지리라는 환상을 가졌고. 이어서 그런 환상은 운전면허를 딸 나이쯤이면, 대학에 입학할 때쯤이면, 대학을 졸업할 때쯤이면, 나이가 서른 쯤 되면, 하는 환상들로 거듭 바뀌었다. 이제 나는 그 애들이 마흔쯤 되면 상대하기가 좀 더 수월해질 거라고 믿고 있다. 제발 누구든 나한테 다른 식의 얘기는 하지 말아줘요!"

요즘 애 하나 낳아 기르는 일은 무 뿌리를 놓고 인삼뿌리 되게 해달라고 비는 것만큼이나 지극정성이다. 그래서일까? 유치원 선생님들이 가장 많이 듣는 말이 "이 애가 어떤 애인 줄 아세요?"라고 한다. 어느 정신과 의사는 자식이 취업할 회사에서 자기소개를 요구할 때 "내가 자식보다 자식을 더 많이 아니 면접을 대신하면 안 되겠냐"고 통사정하는 엄마도 있다고 말했다. 주변을 보면 자식 사랑을 비정상적으로 표현하는 경우가 의외로 많다. 그런 와중에 친한 사람들의 자녀 교육을 보면 기분이 좋아질 때가 있다.

마흔이 넘어 결혼한 두마는 아들이 하나 있다. 그는 그 아들의 책상에 늘 장미꽃 한 송이를 꽂아둔다. 이삼 일에 한 번씩은 꽃집에 들르다 보니, 어느 순간부터는 꽃집 주인이 물어보지도 않고 장미를 한 송이 줄 정도였다고 한다. 그래서였을까? 그 아들이 초등학생 시절 '가을'이란 제목으로 좋은 시를 썼다. 만남과 헤어짐을 하나로 이해하는 그 아이의 시를 읽으면 참 기특하다는 마음이 생긴다.

가을은
나뭇잎과 나무가 헤어지는 날
나뭇잎은 땅과 만나고
나무는 바람과 만난다
가을은
나뭇잎과 나무가 헤어지는 날
모두 모두 슬픈 마음
이렇게 아쉽게 헤어지는구나
안녕?
안녕?
하지만 잎은 땅과 친구가 된다
나무는 바람과 친구가 된다
봄이 되면 다시 만나자!

강 교수는 자식 사랑이 유별나다. 축구선수로 뛰고 싶다는 아들의 말에 독일까지 유학 보내 그곳에서 유소년 선수로 뛰게 했을 정도이다. 한국에 온 아들은 무조건 뛰기만 하는 대학 축구부에 적응할 수 없었다. 독일에서 선수로 뛸 때는 학교 수업 후 오후에 운동을 했었으니 한국의 풍토를 이해할 수 없었다. 그래서 그는 체육 특기생으로 입학했지만 독일문학으로 전공을 바꾸었고 최근에는 명문 사립대에 편입했다.

아들이 학원에 다니고 싶다고 했을 때 나는 "학교에서는 뭐 하고 학원을 다니려고 하느냐?"고 물었었다. 그러자 녀석은 그것도 모르느냐는 투로 "학교에서는 잠을 자지요"라고 대답했다. 기가 막혔다. 학교가 여인숙이나 여관처럼 되어버리다니!

입시 위주의 교육은 꿈을 닫게 한다. 어느 날 아이의 학원 선생님으로부터 전화가 왔다. 아들 녀석이 이따금 학원에 빠진다는 거였다. 그러면서 아주 걱정스러운 말투로 녀석이 나쁜 아이들과 어울려 다닌다고 했다. 그때 나는 선생님의 꿈은 학원 선생님이 되는 것이었냐고 물었다. 그러자 그 선생님은 그렇지는 않았지만 공부를 열심히 했다고 했다. 나는 공

VOICEYE voiceye.com KOR

부를 못해도 꿈이 무엇인지 느끼고 생각하는 것을 더 좋게 본다고 하면서 이제 중학생인 아이들이 나쁘면 얼마나 어떻게 나쁜 것인지 말해달라고 했다. 아무 말씀이 없는 선생님께 나는 이렇게 덧붙였다.

“제 눈에는 나쁜 아이들이 없습니다. 아들이 어떤 아이들과 어울려 다니는지 몰라도 제가 사람 가리지 말고 두루 친하게 지내라고 했으니 이런 일로 전화하지 않으셔도 됩니다.”

녀석은 중학교 1학년 여름방학부터 여행을 시작해 이후 방학마다 줄곧 전국을 누볐다. 고등학교에 진학해 농구 선수로 뛰고 대학에 가서도 노는 데 귀재였다. 그렇게 지내는 녀석이었지만 나는 믿었다. 그런 가운데 꿈을 찾으면 잘 놀아본 에너지를 바탕으로 비상하리라는 것을.

녀석은 대학에서 과돌이를 비롯해 아르바이트를 하면서 공부를 했고 1년간 교환학생 자격으로 미국 유학을 가는 영예의 주인공이 되었다. 글을 쓰느라고 벌이가 시원찮아 항공료를 감당할 수 없어 방학이 되어도 불러들이지 못했는데, 그런 것에 개의치 않는 녀석은 새해 선물로 빨간 수첩을 보냈다. 수첩

속에는 이런 편지가 들어 있었다.

> 이 수첩은 몰스킨 다이어리라고 해요. 헤밍웨이가 파리의 한 카페에서 이 다이어리에다 '태양은 다시 떠오른다'를 썼대요. 원래는 검정색인데 올해는 한정판으로 빨간색이 나왔대요. 특별한 한 해 되시고 헤밍웨이처럼 좋은 글 쓰세요. 건강하시구요.

나는 대야미에서 봉사활동으로 상담사를 했다. 그러나 상대가 도움을 외면할 때는 어쩔 도리가 없었다. 명색이 선생님이란 사람이 상담을 받는 것을 정신병 환자나 하는 것으로 여기는 경우도 있었다.

남을 상담하는 것도 어렵지만 제 자식을 제대로 키우는 것은 더 어렵다. 얼굴이 넓어 넙떡이란 별명을 지어준 둘째는 말썽을 일으키기도 했다. 어려서 남의 손에 자랐기 때문일까? 녀석은 남들과 어울리지 못하고 사교성이 없었다. 오락을 좋아하는 것이 유일한 낙이었던 녀석이 군 생활을 제대로 하려나 걱정했는데 무사히 전역을 하고 나니 취업이 걱정이다.

어느 날 통장을 보니 전화 요금이 엄청나게 빠져나갔다. 깜짝 놀라 사실을 확인하니 넙떡이가 폰팅으로 쓴 것이었다. 어머님과 나의 한 달 생활비 세 배의 돈을.

넙떡이를 만나서 무슨 대화를 나누었는지 물어보자 별 대화 아니었다고 한다. 취미를 묻고, 성격을 묻고, 자동차 종류별로 어떻게 생각하느냐고 묻고, 사회를 어떻게 생각하느냐고 묻고, 만날 수 있느냐고 묻다 보니 그렇게 되었다는 것이다. 다른 사람도 아닌 명색이 심리학자의 아들이 폰팅을 했다는 사실에 나는 답답했다. 아! 아비 노릇의 쓸쓸함이여!

녀석은 적응이 민첩하지 못한 대신에 마음이 착하기로는 둘째가라면 서러울 정도이다. 아내가 먼 길을 운전하며 교회를 가기 싫어해도 “아빠를 보러 가자”고 하는 아들이다.

녀석은 나름대로 불만이 있었다. 형만 잘하는 게 많다고 관심을 갖고 자신은 거들떠보지도 않는다는 것이다. 없지 않아 그런 점도 있었을 것이다. 나는 넙떡이 때문에 속이 상하는 경우도 있지만 녀석에게 늘 감사한 마음을 갖고 있다. 그나마 녀석이 있어서 부부가 대화를 하기 때문이다.

나는 자식이 부모의 꿈을 열게 해주는 박이라고 본다. 그 박은 소박한 사랑의 가치를 일깨우는 박이다. 부부는 서로를 포기할 수 있어도 자식에게 그렇게 하지 못한다. 어느 날 아내는 이런 제안을 했다.

"여보! 한 사람이 기도하는 것보다 두 사람이 똑같은 기도를 함께 하면 반드시 들어주신대요. 우리 아들들을 위해 같이 기도해요."

자식 사랑과 포기

아이들은 밤낮 엎어지고 자빠지고 하는 데다, 몸은 조그만데 머리는 터무니없이 크니까 사랑스럽지 않은가요? 일곱 난쟁이를 그려 낸 월트 디즈니는 이것을 잘 알고 있었던 것 같지 않습니까? 사람들이 집에서 기르고 있는 우스꽝스러운 강아지를 보세요. 불완전해서 사랑스러운 것입니다.

_조셉 캠벨·빌 모이어스 《신화의 힘》

세상에는 성공했음에도 행복하지 못한 사람이 의외로 많다. 《시앗》이란 책을 낸 작가 김서영 씨 남편도 그런 사람 중 하나다. 그의 별명은 오더맨이다. 명령만 내리면 식구들이 모두 알아서 척척 기어주었기 때문이다.

오더맨은 경기고등학교와 명문대학을 나와 외국인 회사의 총책임자로 일했다. 그동안 단 한 번의 좌절도 없이 항상 최고의 위치에서 명령만 해왔고 거래처에서도 최고의 대우를 받았다. 하룻밤 만에 강남의 술집을 닫게 할 능력이 있었고, 해외여행을 갈 때 퍼스트크래스가 아니면 타지도 않을 정도였다. 그의 인생에는 오직 일류만 있었다.

김서영 씨는 오더맨이 퇴직하면서 시앗을 인정한다. 시앗? 신세대들은 이 단어가 아내가 아니면서 같이 사는 여인을 뜻한다는 것을 잘 모른다. 김서영 씨는 남편이 지난 25년간 사귀었던 여인이 있었다는 것에 놀랐지만 남편의 퇴직 선물로 시앗을 인정했다. 어느 날 오더맨이 시앗에게 물었다.

"너 나 사랑하니?"

그녀는 잠시도 망설이지 않고 대답했다.

"그럼요. 사랑하죠."

오더맨이 아내에게 물었다.

"당신 나 사랑해?"

그 말을 들은 김서영 씨의 대답은 이렇다.

"개뿔. 사랑은 무슨 사랑."

오더맨은 평소 이런 의문을 품고는 했다.

'내가 무얼 그리 잘못했다고 아들들이 나를 외면하는 거야? 난 할 만큼 했는데…….'

김서영 씨 큰아들은 불교 신자라 불경을 외울 정도라고 한다. 어느 해 석가탄신일, 오더맨이 TV를 보던 중 아들에게 말했다.

"하루 종일 중놈들만 나오네."

착각은 짧고 망신은 길다. 그래서 오더맨의 슬픔은 계속된다. 그는 미군장교 운전병으로 군대 생활을 했다. 제대 후 아르바이트로 대학을 마치고 4학년 2학기에 취직해 동생들의 학비도 짊어지는 가장 역할을 했다. 그런데 김서영 씨와 결혼할 때 장모는 가난한 사위를 반대했다. 자가용을 타고 가서 안사돈 앞에서 위세를 부리기도 했다.

그의 큰아들은 결혼과 동시에 유학을 갔는데, 당시 오더맨은 유학비자를 내기 위해 혼인신고부터 하려고 했을 때 안사돈으로부터 "가진 돈이 얼마냐?"는 추궁을 들었다. 장모로부터 받은 무시가 대물림되어 이제는 사돈으로부터 받게 된 것이다.

63빌딩에서 화려한 결혼식을 치르지만 사돈과 한자리에 앉아 식사하는 테이블을 오더맨은 거절한다. 그런저런 와중에 큰아들은 부모와 인연을 끊었다. 공부 잘하는 큰아들은 부부의 자랑이고 힘이었는데, 그런 아들이 유학을 가면서 전화번호마저 바꾸고 부모와 연락을 끊은 것이다.

큰아들이 고등학교 3년을 다니는 동안 김서영 씨

는 하루도 빠짐없이 차를 태워주면서 등·하교를 시켰다. 둘째아들에게는 한 번도 해주지 않은 정성이었다. 그렇게 키운 큰아들은 결혼식 때 장인, 장모에게는 큰절을 하고 친부모에게는 가볍게 목례만 했고 공항에 나오지도 말라는 말을 남기고 훌쩍 떠났다.

어느 날 TV가 꺼진 거실 소파에서 잠이 든 남편을 깨우다가 김서영 씨는 눈물로 범벅이 된 남편의 얼굴을 본다. 아들의 냉정함에 오더맨은 꺼억꺼억 소리 내어 운다. 그런 남편을 김서영 씨는 다독인다.

"우세요! 마음껏 우세요!"

오더맨과 다른 경우인 원칙맨이란 남자를 보자. 그는 가끔 술이 취하면 아내에게 투정을 부렸다. 아들 하나 낳을 수 없냐고. 그런 아비는 하나뿐인 딸에게 잔소리를 하기 시작하면 저절로 짜증이 섞였다. '네가 아들이라면' 하는 미련이 깔려 있었기 때문이다. 어느새 딸의 마음속에 반항심이 생겼고 자신도 모르게 사내아이처럼 자랐다.

어느 날 원칙맨의 아내가 학교 선생님에게 전화를 받았다. 딸이 같은 반 친구와 싸웠다는 것이다. 가벼운 사건으로 알았는데 알고 보니 그게 아니었다. 딸과 친구는 '여보! 당신!' 하는 사이였고 딸이 다른 친구와 좋아지내자 전에 사귄 친구가 바람을 피운다고 대드는 과정에서 싸움이 생긴 것이었다.

나는 원칙맨의 아내를 상담하게 되었다. 그녀는 딸이 동성연애자가 아니냐는 걱정을 했고 처방 역시 급하게 얻고 싶어 했다. 외동으로 자란 자녀들이 동성 친구와 긴밀하다고 해서 모두 동성애자가 되는 것은 아니지 않은가. 나는 딸을 한번 만나보고 싶다고 했다. 딸을 만나 상담해보니 아빠에 대한 아쉬움을 쉽게 찾아낼 수 있었다. 원칙맨을 만나봐야 했다. 그러자 그녀는 안 된다고 했다. 남편은 권위주의로 뭉친 사람이라 심리상담이란 말도 꺼낼 수 없다고 하면서 한숨을 쉬고 있으니 이를 어떻게 하면 좋을까.

심리 상담 기법에는 여러 가지가 있는데, 나는 이야기를 들어주면서 말하는 사람에게 도움이 될 이야기를 들려주는 의미 치료 방식을 즐겨 이용한다. 나는 남편을 만날 수 없는 대신에 그 부인에게 내가 어렸을 때 들었던 가짜 화가 얘기를 들려주고 싶었다.

옛날에 며칠을 굶은 나그네가 있었다. 어느 날 그

나그네가 마을을 지나던 중, 그 마을 부자가 그림을 무척 좋아해 화가라면 대접을 잘해준다는 말을 들었다. 화가는 하도 배가 고프다 보니 무작정 대문을 두드리고는 자신을 화가라고 소개했다. 마침내 그는 융숭한 대접을 받았다. 조건은 열흘 이내에 좋은 그림을 한 점 그려준다는 것.

배가 고파서 거짓말을 했지만 막상 그림을 그릴 생각을 하니 앞이 깜깜했다. 하는 수 없이 나그네는 아침 식사를 끝내면 산으로 올라가 하염없이 개울만 바라보고 해질 무렵에 돌아왔다. 그러기를 계속하다가 어느덧 그림을 그려야 할 날이 다가와 더 이상 빠져나갈 길이 없게 되었다. 화선지를 놓고 먹을 간 나그네는 붓에 먹을 듬뿍 묻히고는 눈을 질끈 감았다. 그런 다음 화선지 중앙으로 굵고 긴 선을 그리고는 걸음아 나 살려라 도망을 쳤다. 그런데 아뿔싸! 마을을 벗어나 고개를 넘으려는 순간에 부잣집 하인들이 고함을 치면서 달려오는 것이 아닌가!

큰일이 났다고 겁을 먹은 나그네는 정신없이 달아났지만 결국 하인들에게 잡히고 말았다. 그런데 하인들의 말이 뜻밖이었다. 주인 어르신이 말씀하시기를 "천하의 위대한 화가가 좋은 그림을 그려주셨는데 어찌 그냥 보낼 수 있겠느냐"라며 노잣돈을 전해주더라는 것. 이게 무슨 일인가? 부자에게 잡혀 가서 몰매를 맞을 것이라고 예상했던 나그네는 멍한 상태에서 노잣돈을 받고는 '휴!' 하고 한숨을 쉬었다. 그때 한 하인이 이런 말을 했다.

"화공께서 그리신 그림, 정말 대단합디다. 먹물 가운데 숱한 피라미들이 떼를 지어 움직이고 있었습니다."

내가 왜 자신을 화가라고 속인 나그네 얘기를 들려주고 싶었을까? 그 이유는 간단하다. 사람은 누구나 마음의 위대한 힘을 잘 모른다는 것이다. 나그네는 그림을 그릴 생각만 하면 걱정이 되었다. 그래서 산속의 개울에서 냇물만 바라본 것이다. 물속에는 피라미들이 한가롭게 노닐고 있었는데 그 장면을 보면 시름을 잊을 수 있었다. 그러다 보니 텅 빈 마음속에 피라미들의 움직임이 선명하게 각인되었고 자신도 모르게 그것들이 그림으로 나타난 것이다.

집착이 쌓이면 미움이 되고 불행을 자초한다. 아들이 하나 있었으면 하는 소망이 있더라도 딸을 주신 것을 감사하면서 사랑해야 한다. 그렇게 좋은 마음을 품고 살아야 딸이 잘된다. 그러지 않고 아들이 될 수 없는 딸에게 무리한 기대와 원망을 한다면 그 딸의 가슴에 씻을 수 없는 상처가 쌓인다.

자식과의 거리가 너무 멀면 자식이 반항을 하게 된다. 그런데 그 거리가 너무 가까워도 비슷한 일이 생길 수 있다. 내가 아는 어떤 할머님은 한없는 사랑을 최고로 알고 사셨다. 당신은 딸이 시집을 가고 나서 50이 넘을 때까지 밑반찬을 대주고 사랑을 바치셨다. 딸의 집에 가면 옷을 갈아입는 즉시 장을 보아 딸과 사위가 좋아하는 음식을 만들었다.

"내가 사랑을 바쳐도 상대방은 싫을 수 있다"고 누군가가 말했지만 믿을 수 없었다. 딸이 그저 귀엽고 예쁘니 어찌 보살피지 않겠는가. 그러나 그 딸은 어머니의 사랑을 간섭처럼 느낄 때도 있었다. 그럴 때마다 당신은 서러웠다고 한다. 그래서 마음속으로 이런 생각을 했다.

'그래! 너도 내가 죽고 나면 내 마음을 알고 후회할 날이 있을 거다.'

그렇게 아쉬움을 품고 살았던 할머님은 요즘 정반대의 생각 때문에 가슴에 한이 쌓였다. 불행히도 그 딸이 암에 걸려 먼저 세상을 뜬 것이다. 딸보다 먼저

죽어 뒤늦게나마 딸로부터 자기 사랑을 인정 받으려 했던 할머님은 이제 딸에 대한 죄책감으로 괴로워한다.

'내가 나서지 말고 스스로 인생을 개척하도록 내버려두었어야 했는데…….'

자식 사랑의 뿌리에는 자식을 완전하게 만들려는 욕망이 있다. 알고 보면 자식은 불완전하기 때문에 사랑스러운 것인데도. 어쨌거나 부모는 자식을 제대로 가르치기 위해 시간을 내야 하고 어느 정도 지나면 포기를 해야 한다. 그러나 이 두 가지의 조화가 어렵다. 우선 아이들에게 시간을 내는 문제가 그렇다. 미국의 정신과 의사 스캇 펙은 이런 말을 했다.

"아이들을 제대로 가르치려면 시간이 필요하다. 아이들에게 내줄 시간이 없고 그럴 마음이 없으면 가까이 관찰할 수 없다. 그래서 아이들에게 필요한 부모의 가르침이 언제 필요한지 모르게 되고, 도움을 원하는 아이들의 무의식적인 표현을 제대로 알아차리지 못하게 된다. 아이들을 단단히 가르칠 필요가 있다고 뼈저리게 의식하면서도 '오늘은 애들을 봐줄 기력이 없어' 하면서 내버려두는 일이 많아진다. 그러다가 아이들이 잘못되면 가혹하게 야단친다. 문제가 무엇인지 알아볼 여가가 없고 그 문제에 대해서 어떤 방법으로 교육을 시키는 것이 가장 좋은지 곰곰이 생각해보지도 않고 무작정 훈련시키려고 덤비는 것이다."

시간을 낼 때 제대로 시간을 내서 아이들을 가르치고 아이들이 웬만큼 컸을 때 물러설 줄 아는 부모는 아주 드물다. 특히 나이 든 사람은 '포기력'이 부족하다. 하지만 제대로 포기할 줄 알아야 부활의 기쁨도 누릴 수 있다. 스캇 펙은 포기도 위대한 능력이라고 말한다. 왜냐하면 포기를 하려면 그 무엇이라도 있어야 하기 때문이다. 그래서 그는 이런 말을 했다.

"당신이 이미 아무것도 가진 것이 없으면 당신은 포기하기 위하여 먼저 무엇인가를 소유해야만 한다. 가진 것 없이는 아무것도 포기할 수 없다. 당신이 이긴 적이 없으면서 이기기를 포기하면 당신은 처음 시작했던 그 자리에 그대로 있게 되는 것인데, 그것이 바로 실패자가 되는 길이다. 당신 자신을 위해 정체감을 포기하기 전에, 어쨌든 먼저 그것을 만들어놓아야만 한다. 당신의 자아를 발달시켜 놓아야만 그것을 잃을 수도 있다"

하늘과 땅이 통하는 길

원하는 것을 얻기 위해 무엇부터 해야 할지 더 많은 정보를 얻고 싶다면 다음과 같은 생각을 해보자. 내가 원하는 것에 관해 필요한 정보를 끌어당기고 싶다. 끌어당김의 법칙이 내 목표를 실현하는 방법에 관한 유용한 정보를 가져다주면 좋겠다. 사업을 시작하는 데 필요한 정보와 아이디어를 끌어당기고 싶다. 어느 곳을 본거지로 사업을 펼치면 좋은지 정보를 얻었으면 좋겠다.

_마이클 로지에 《끌어당김의 법칙》

부모에 대한 아쉬움이 없는 자식은 없다. 그러나 어린 시절로 돌아가는 상상을 하면 마음이 싱싱해진다. 나는 대야미에서 금정역을 지나면 안양의 소년 시절이 생각나고 사당역을 지나면 흑석동에 살던 유년 시절의 추억이 생각나기도 한다. 그런데 충청도에서 자란 친구 두마는 나의 추억을 부러워한다. 그에게 서울은 꿈과 환상의 장소였다고 한다.

"고3때 처음 서울에 와서 남산초등학교를 가봤어

요. 시골에서 어린이 방송 노래자랑을 들을 때마다 '서울 남산초등학교 몇 학년 몇 반 아무개입니다'라는 자기소개가 인상적이었지요. 그때 유독 남산초등학교 아이들이 많이 출연했어요. 나중에 알고 보니 방송국과 가깝다 보니 그렇게 된 거더라고요. 서울 남산초등학교라는 리드미컬한 목소리가 귓가에 생생했던 나는 그곳을 찾지 않을 수가 없었지요. 서울 하면 '높고'가 떠올랐고 남산초등학교 하면 '푸르고 아름다운 산'이 떠올랐어요. 그래서 내 기억 속의 서울 남산초등학교는 '높고 푸르고 아름다운 산'이었지요. 거기를 다니던 아이들은 모두 '맑은 메아리를 들려주는 천사' 였구요."

언젠가 두마는 영화를 처음으로 보고 자장면을 처음 먹었던 추억을 들려준 적이 있다.

"중학교 입학시험에 합격한 날이었어요. 아버지가 자장면을 사주고 영화를 보여주셨지요. 영화는 〈누구를 위하여 종은 울리나〉 였어요."

두마의 추억 속에는 희망의 등대이면서 좌절의 상처를 준 아버지가 있다. 당시 시골에는 아들이 중학교에 들어갔다고 자장면을 사주고 영화를 보여주던 아버지가 드물었다. 지금 50대 중반인 사람들 중에는 스무 살에 처음으로 영화 구경을 했다는 사람도 있으니까. 그러니 중학교 입학 기념으로 영화를 보여주신 아버지는 두마의 영웅이었다. 그러나 아버지는 그가 미대를 가고 싶다고 했을 때 “아예 족보를 파가거라!”고 반대하는 바람에 깊은 상처를 주었다. 족보를 파간다는 말은 너는 내 자식이 아니니 등록금도 못 주겠고 평생 보지도 않겠다는 뜻이었다.

끼가 많은 두마는 음악과 그림에 심취했고 사람의 산뜻한 동작에 곧잘 감탄했다. ‘어떻게 저런 소리가 나오지?’, ‘어떻게 저런 동작이 가능할까?’ 하는 의문을 늘 품고 사는 그는 지금도 꿈 많은 소년이다.

“마흔 살을 넘겨 동네 코흘리개들과 아파트촌의 피아노 학원을 다녔지요. 그런데 한 달쯤 뒤에, ‘당신은 도저히 안 되겠다’고 합디다.”

그런 말을 하며 그는 서글픈 표정을 지었다. 할 수 없다. 음악은 듣는 것으로 만족할 수밖에. 그렇게 꿈을 바꾼 그의 차 안에는 아련한 향수를 불러일으키는 앨범이 있다. 케니지의 트럼펫 연주와 그리움의 열정을 안개처럼 노래한 이미배의 앨범 등.

충청도 소년의 도전에 실패만 있었던 것은 아니었

다. 그가 성공한 도전으로 스키가 있다. 스키를 타기 위해 그는 정말이지 눈물겨운 노력을 했다.

"신기했어요. 어떻게 사람이 그 높은 곳에서 미끄러지듯이 내려올 수 있는지. 그래서 책을 샀지요. 여름에 선풍기 바람을 쐬면서 책을 보며 눈밭을 달리는 그림을 머릿속으로 숱하게 그렸지요. 몸을 좌우로 흔들며 다리를 움직이면서요. 누가 보면 미쳤다고 했을 거예요."

두마를 만나면 시간은 수수께끼가 된다. 과거가 오늘 같고 오히려 오늘이 먼 과거라는 착각이 들 때가 있다. 그와 함께 어디 한번 가보자고 말했던 미래는 이미 실현되어 과거 속에서 웃고 있었다.

행복에 대한 글을 쓰고 있다는 나의 말에 두마는 이색적인 주인공을 부각시키면 좋겠다고 했는데, 그 말을 듣고 보니 어느 운전기사에게 들었던 이야기가 생각났다.

나는 운전을 안 한다. 업체나 연수원 등에 강의를 갈 때마다 운전기사들과 나누는 대화가 재미있기 때문이다.

"누구나 살면서 세 번의 기회를 맞는다는 말을 들

어보셨지요?”

이렇게 말문을 열면 대부분의 기사들이 “그렇다”고 한다. 그럴 때 “기사님은 사시면서 몇 번의 기회가 있었나요?”라고 물으면 대개 자기 이야기를 하거나 친구 또는 주변 사람의 얘기가 나온다.

“유산도 없고 직업도 없는 사람이 부자가 된 경우도 있습니다.”

“신기하네요. 얘기를 좀 해봐요.”

한 운전기사는 자기 친구인 백주를 소개했다. 백주는 ‘백수의 주인공’이란 뜻으로 친구들이 불러주는 별명이었다. 백수도 보통 백수나 조연급 백수가 아니라 주연급 백수라는 것이다.

어릴 적 동네에서 같이 자란 여덟 명의 친구가 있었는데 그중 백주만 고등학교를 나왔다. 그만큼 백주네 집은 형편이 좋았다. 그러나 문제는 백주가 직장에 적응하지 못한다는 것. 어디든 일주일을 버티지 못하고 나오기 때문에 하는 수 없이 그의 아내가 시장 난전에서 야채 장수로 생계를 꾸렸다.

“야, 백주야! 이번에 내가 일자리를 하나 알아놨는데 거기 가서 일 한번 해봐라!”

보고만 있기가 딱해서 친구들이 몇 군데씩 일자리

를 소개해주었지만 역시 며칠을 넘기지 못했다. 그런 신세임에도 백주는 친구들끼리 일 년에 몇 번 만나는 모임에는 빠지지 않았다. 물론 백주만큼은 회비가 면제되었다. 으레 자신은 공짜로 먹는 사람이라는 듯이 모임에 나와서도 기가 죽는 일도 없었다. 그러던 어느 날 모임에서 누군가 이런 제안을 했다.

"야! 안되겠다. 백주 말야, 우리가 한 사람당 10만 원 씩 내서 잠실에 아파트 한 채 사주자."

그리하여 백주 앞으로 모인 돈이 150만원. 백주는 친구들 도움으로 모은 잠실에 시영 아파트를 살 수 있었다. 당시 봉급쟁이 월급이 3, 4만 원인 시절이라 가능한 일이었다. 그런데 그 아파트 값이 해매다 오르기 시작했다. 그러던 어느 날 백주는 잠실아파트를 팔고 고덕에 두 채의 아파트를 샀다. 당시 고덕은 버스도 뜸할 만큼 이제 막 개발이 시작되는 곳이었다. 친구들은 "너 미쳤냐? 그 산골짜기로 들어가게?"라고 놀렸다고 한다. 그런데 웬걸. 고덕의 아파트도 해마다 올랐다고 한다. 그러더니 아파트 한 채를 팔아 인근에 4백 평의 밭을 샀다.

"너 아예 농사꾼이 될 작정이냐?"라는 놀림에도 백주는 그저 바보처럼 싱긋이 웃기만 했다고 한다.

평생을 백수로 살면서도 스트레스를 받거나 화를 낸 적이 없는 친구였다. 그런데 몇 년 뒤에 백주가 샀던 밭이 택지가 되고 그 땅의 반을 팔고 그 돈으로 나머지 땅 반에 빌딩을 올렸다는 것이다. 그제야 친구들은 백주의 선택을 인정해주었다.

“무슨 만화 같은 얘기네요! 타이밍을 맞추는 정보력이 중요하다는 얘기도 되고.”

“맞아요. 백주가 비록 집에서 놀아도 하루도 거르지 않고 신문을 꼼꼼히 읽었다는 거예요. 그러니 그런 기회를 잡았던 거지요.”

“친구들이 조건 없이 도와줄 정도라면 사람도 좋았다는 얘기 아닙니까?”

“그렇지요. 백수로 살아도 마누라가 잔소리를 하지 않았다고 하니 그냥 성격이 좋은 것이 아니라 아예 천하태평이었다고 합디다.”

“요즘도 백주로 산다고 합디까?”

“아니요. 밭을 팔아 남는 돈으로 시장에 가게를 얻은 마누라를 출퇴근 시키는 기사로 일한다고 합디다.”

“옛날 친구들과는 지금도 만나고요?”

"그럼요. 이제 음식 값은 무조건 백주가 낸다는 겁니다. 너희들은 그냥 오기만 하라고 하니 전보다 더 자주 만난다고 하더군요."

"대단한 스토리네요. 백주도 이제 행복하겠네요?"

"그래도 아쉬움이 있다고 합디다. 집안이 풀리면서 둘째는 대학도 나오고 유학도 갔는데 큰아들은 어려울 때 자라다 보니 공부를 제대로 시키지 못했다고 합디다."

두마는 땅으로 돈을 번 사람을 들으면 기분이 좋지 않다며 다른 사례는 없느냐고 했다. 그래서 나는 언젠가 만났던 특이한 기사를 소개했다. 그는 자세가 엄숙하고 몸이 탄탄해 보였다. 무슨 운동을 하느냐고 했더니 암벽등반을 한다고 했다. 휴가철이 되면 해외를 다니면서 암벽등반을 하는 그는 암벽등반에는 실수가 조금도 용납되지 않는다고 했다. 실수는 곧 죽음이기 때문이다. 그는 기본 생활비 외에 월급의 반 이상을 자신이 다니는 회사의 주식을 사는 데 썼다. 20년 가까이 하다 보니 10억대가 넘었다. 그래도 그는 회사와 운명을 같이한다는 신념으로 한 주의

주식도 팔지 않았다. 오르고 내리고에는 관심이 없고 봉급을 받을 때마다 그날 시세대로 조금씩 사서 모은 것이다.

"신기한 사람이네요. 그런 사람은 예외로 봐야겠지요. 보통 사람이 행복할 수 있는 방법은 뭘까요?"

"기사들은 불평불만이 많은 사람치고 잘되는 사람 없다고 합디다. 감사하는 마음, 기분 좋은 마음, 이런 것들이 행복의 열쇠라는 거예요. 어떤 기사님은 잊지 못할 손님으로 이런 얘기를 해준 적이 있어요. 젊은 사람이 탔는데 어디로 가자고 하고서는 도착할 때쯤 되면 장소를 변경하는 식으로 몇 번이나 골탕을 먹이더래요. 그래도 화를 내지 않았는데 나중에 그 손님이 '기분 나쁜 일이 있어서 화풀이 삼아 그런 짓을 했는데 미안하다'고 사과를 하더래요. 그러면서 그런 자신에게 화를 내지 않는 기사를 보며 많이 배웠다고 감사 인사를 하더라는 거예요. 이제부터라도 다르게 살겠다고 하면서. 나도 글을 쓰다 보면 '이곳으로 가라, 아니다, 저곳으로 가라'라는 식으로 변덕이 죽 끓는 것처럼 기승을 부릴 때가 있어요. 그럴 때 그 기사처럼 마음의 중심을 떠올리며 여유를 찾지요."

두마는 행복의 조건을 정보력과 감사함으로 압축하고 싶다면서 이런 말을 했다.

"결국 행복은 '어떤 변화를 예상하고 대비하느냐'와 '어떤 마음으로 다른 사람을 대하느냐' 하는 두 가지 길로 볼 수 있군요."

"그런 것이 바로 기를 통하면서 사는 삶이 아닐까요?"

"그런데 말이에요. 나는 서 박사가 행복을 기氣로 소개할 때 눈에 보이듯, 손에 잡히듯 선명한 그림을 그려줬으면 좋겠어요."

눈에 보이듯, 손에 잡히듯 기氣를 소개하라! 나는 두마의 주문을 듣고 기에 어울리는 한 음절의 단어들을 떠올렸다. 그것은 피, 물, 빛이었다.

외국에서 오래 산 사람들은 상대가 한국인임을 알아채는 나름대로의 비법이 있다고 한다. 같은 동양인이라도 서로 지나치면서 어느 한 사람, 또는 두 사람 모두 돌아보지 않으면 반드시 일본인이나 중국인 중 하나라고 한다. 그런데 둘 다 돌아보면 두 사람 모두 한국인이라고 한다. 그런 만큼 한국인은 핏줄 속에 서로 끌리는 유전자가 있다. 만약 그것이 사실이라면 세상에는 합리合理를 초월하는 정리情理, 또는 합리와 정리를 모두 초월하는 힘이 피 속에 있다고 할 수 있다.

합리와 정리를 초월하는 피 같은 힘을 기氣라고 보자. 기는 끌어당기는 힘과 배척하는 힘으로 나눌 수 있다. 세상을 살면서 끌어당길 수 있는 힘을 잘 구사한다면 성공과 행복이 가능하다. 끌어당기는 힘이 있다면 기회를 포착하기 쉽다. 이 일은 나를 위한 일이고 내가 아니면 이 일을 할 수 없다. 그런 생각이 들면 자신감도 생기고 목표도 눈에 보일 것이다.

'기'라는 말이 추상적이라서 물로 비유하여 말하는 사람이 있다. 노자는 도덕경 8장에서 최고의 선善은 물과 같다고 했다. 물의 위대함은 낮은 곳으로 스며들어 하나가 되는 친화력에 있다. 누구나 어릴 때 모래밭에서 모래성을 쌓고 굴을 만들어본 경험이 있을 것이다. 그때 모래성의 비밀을 배운다. 튼튼한 모래성은 젖은 모래로 만든 것이다. 물은 모래처럼 작은 입자들을 하나로 엉키게 하는 친화력이 있다. 사람도 마음속에 넉넉한 물이 있을 때 두루 포용하는 친화력이 생기고 그렇지 않을 때 메마른 사람이 되어 쉽게 무너진다.

따뜻한 태양을 느끼려면 북쪽 그늘에 있을 것이

아니라 남쪽 태양 아래 있어야 한다. 그렇듯 행복한 성공의 주인공에게는 기회를 찾아서 끌어당기는 힘이 있다. 그들은 기회를 동물적 후각으로 느낀다. 그래서 기회가 화살처럼 자신의 가슴에 박히듯이 스스로 과녁처럼 준비된 삶을 산다. 한마디로 빛을 받아들이는 마음으로 사는 것이다.

기회라는 것도 그렇다. 여기저기 돌아다니면서 '누구에게 갈까?' 하고 기웃거릴 때 미리 받아들일 준비가 된 사람에게 안기는 것이 당연하다.

'개처럼 살면서 쏘다녀도 사니 못사니 하는 판국에 무엇을 끌어당기느냐?'라고 반박하는 사람도 있다. 그러나 개도 여러 종류가 있다. 헉헉거리며 돌아다니며 제자리걸음 하듯 맴도는 땅딸개가 있는가 하면 여기저기 돌아다니면서 문제의 해결 방법을 찾는 병따개도 있다. 이런저런 정보들을 통합하여 큰 그림으로 펼쳐보면서 미래를 전망하는 솔개도 있다. 나는 두마가 땅개에서 병따개를 넘어, 높고 푸른 산으로 여겼던 남산 위를 솔개처럼 신나게 나는 모습을 상상했다.

땅개처럼 바쁘게 살 것인가, 솔개처럼 기쁘게 살 것인가? 두 길은 결국 하나로 통한다. 땅개처럼 맴돌

다가 빈손으로 돌아오는 쓸쓸함, 그 쓸쓸함 속에서 사람은 하나님보다 뜨거운 눈물을 흘리며 솔개처럼 날아오르는 꿈을 키운다.

쭈그렁바가지

그녀는 한때 소녀였다
채송화처럼 종달새처럼
속삭였었다
쭈그렁 바가지
몇 가닥 남은 허연 머리카락은
그래서 잊지 못한다
_최정례 《늙은 여자》

내가 아는 사람 중에 아주 신기한 사람이 있다. 최불암의 얼굴에 안소니 퀸을 겹쳐놓은 그의 외모는 영락없이 원효를 닮았다. 게다가 소박하고 넉넉한 웃음은 상대방의 무장을 해제시켜 어린 시절의 추억으로 이끈다. 그가 바로 철밥통이다. 그는 동·서양을 통합하고 불교와 기독교를 통합한 철학자이다. 그런 높은 경지에 이르다 보니 아직도 미혼이다.

철밥통을 처음 만났던 날 그는 입에 침이 마르도록 대야미를 자랑했었다. 그런데 내가 대야미로 이사를 갔을 때 그는 다른 곳으로 이사를 갔다. 살던 집이 비가 새어 양동이를 놓아두는 것으로 응급조치를 하고 외출을 하고 돌아오니 집 안이 물바다가 된 것이 이유였다.

"아이고! 내 신세야!"

대충 물을 빼내고 퍼질러 앉아 한바탕 울고 난 그는 '안 되겠다! 나도 제대로 된 집을 마련해야겠다'는 결심을 했다. 그가 물바다가 된 집에서 퍼질러 앉아 우는 것을 하나님은 보고 계셨던 걸까? 그즈음 경매로 나온 집이 있다는 것을 같은 교회에 다니는 편 선생이 알려주어, 철밥통은 절묘한 타이밍에 비가 샐 걱정이 없는 아파트를 샀다.

"우리 집에 가시죠!"

예배를 끝내고 철밥통이 박 감사 부부를 자신의 집으로 이끌어 와인파티를 벌였다. 강 교수 부부도 있었고 우리 부부도 있었다. 박 감사는 초등학교 시절 알았던 친구인데 강 교수는 고등학생 때 그의 집에 하숙을 하면서 둘이서 수학 문제를 같이 풀기도 했다. 그날따라 박 감사는 강물처럼 풀어지듯이 취했다. 철밥통이 풀어놓은 마법의 향기에 걸려든 것이다.

"새벽에 잠을 깰 때가 많아. 그러면 정신이 말똥해지면서 옛날 생각들이 나지. 어린 시절의 추억도 떠오르기도 해. 옛날 영감탱이들이 새벽잠이 달아났다고 하던 말을 실감해. 나도 이제 그렇게 됐어! 세월 참 빠르지?"

그런 고백을 하더니 박 감사는 자신이 좋아하는 노래를 불렀다.

"수많은 날은 떠나갔어도 내 맘의 강물 끝없이 허러네."

음대 출신의 박 감사 아내가 "여보! 허러네가 아니라 흐르네예요"라고 정정해주자 그는 오히려 기가 더 살아났다.

"쟈라! 흐르네는 쫄쫄거리는 것이고 허러네는 콸콸 쏟아지는 기다. 니는 뭘 모리면서 와카노? 듣기나 해라! 그날 그땐 지금 없어도 내 맘의 강물 끝없이 허러네."

박 감사와 강 교수 두 사람의 공통점은 음악을 전공한 부인을 둔 점이다. 그래서였을까. 나머지 구절은 그들의 합창이 되었다.

"새파란 하늘 저 멀리

구름은 두둥실 떠나고
비바람 모진 된서리
지나간 자욱마다 맘 아파도
알알이 맺힌 고운 진주알
아롱아롱 더욱 빛나네."

'내 마음의 강물'이란 노래를 들으면 〈아무도 모른다〉라는 시가 생각난다. 그 시 후반부의 구절들이 마음을 강물처럼 흐르게 하기 때문이다.

나의 옛 봄날 저녁은 어디로 갔을까, 키 큰 미루나무 아래 강아지풀들은, 낮은 굴뚝과 노곤하던 저녁 연기는. 나의 옛 캄캄한 골방은 어디로 갔을까, 캄캄한 할아비지는, 캄캄한 기침소리와 칸칸한 고리짝은, 다 어디로 흩어졌을까.

나의 옛 나는 어디로 갔을까, 고무신 밖으로 발등이 새까맣던 어린 나는 어느 거리를 떠돌다 흩어졌을까.

내가 김사인의 시를 떠올리고 있을 때 박 감사는 나머지 가사를 불렀다.

"그날 그땐 지금 없어도 내 맘의 강물 끝없이 허러네"

박 감사는 2절까지 노래를 부르고는 어머님을 회

상했다. 아들이 세상에서 최고 잘난 사람이라고 믿었던 분이라고 그는 말했다. "참 열성적인 어머니셨어!"라고 회상을 끝내면서 그는 이런 말로 매듭을 지었다.

"이제 나도 옛날 얘기를 하는 걸 보니 쭈그렁바가지가 되는 갑다."

최정례 시인은 〈늙은 여자〉라는 시에서 '쭈그렁바가지 몇 가닥 남은 허연 머리카락은 그래서 잊지 못한다'고 노래하면서 '추악하기에 아름다운 늙은 주머니'란 말을 했다. 그렇다! 쭈그렁바가지에도 아름다움은 있다.

사람들은 '바가지 썼다'는 말을 부정적으로 사용한다. 그러나 나는 바가지란 단어를 들으면서 받아들인다는 말을 생각한다. 박이 둥그런 마음의 쉼표를 깨닫게 한다면 바가지 역시 시련을 넉넉하게 받아들이라는 상징은 아닐까?

옛날이야기 속으로 들어가 보면 바가지는 사랑의 무대에 단골로 등장한다. 우물가에서 처녀가 준 버들잎 뜬 물을 먹고 결혼을 했다는 얘기의 주인공이 한둘이 아니기 때문이다. 왕건, 이성계, 이장곤 등이 그런 사람들이다. 제주도의 무속설화에도 그런 얘기가 있다고 한다. 여러 인물이 그런 식으로 배필을 구했다면 그 사연이 정말인지 의문이 생긴다. 특히 버들잎은 그리스 · 로마 신화의 큐피트 화살처럼 한국인의 보편적인 사랑 코드라고 볼 수 있지 않을까.

바가지 속의 버들잎은 생명의 부활과도 연결된다. '가만히 가만히 오세요, 버드나무 아래로'라는 노래 가사처럼 버드나무는 사랑과 통한다. '버들잎 따다가 연못위에 띄워놓고 쓸쓸히 바라보는 이름 모를 소녀'라는 가사의 노래도 있다. 버드나무는 봄, 물, 여성적인 이미지가 있어서 재생, 생명력, 번식력, 다산성, 풍요를 상징한다. 그래서 버드나무는 생명을 숭배하는 신성이 있다. 동명왕 신화에서 그 어머니 이름도 버들꽃이란 뜻이 있는 유화柳花이다.

회사에서 감사로 있는 박 감사에게 나는 감사 부장이란 별명을 붙여주었다. 작은 교회에 다니는 몇몇 사람들 대부분이 저마다 '무슨 무슨 부장'이란 타이틀이 있기에 나는 '웃기는 부장'을 자처했고 박 감사에게는 모든 일을 감사하며 살자고 '감사 부장'을 안겼다. 나는 그에게 이런 건배를 제안했다.

"감사 부장님! 일찍 죽었으면 몰랐을 늙어감에 대

해 알게 해주신 하나님에게 감사하면서…… 쭈그렁 바가지에도 영광을!"

마음의 열매, 박

박꽃은
속이 부드러움을 잉태합니다.
박속은 여인네 속살보다 더 부드럽습니다.
박속같은 부드러움은 어떠한 딱딱함도 포용합니다.
열화같은 남편이라 할지라도
박속 같은 아내의 속살에 풀잎처럼 넘어집니다.
부드러운 아내가 남편을 잠들게 합니다.
박꽃은
눈 시린 순백입니다.
달 뜬 밤에는 한삼모시 속치마처럼 월광에 출렁입니다.
별빛 속으로 보일 듯 말 듯한 애간장을 태우는 순백의 속치마 꽃 입니다.

_조정래 《박꽃 같은 여자가 좋다》

인생의 깊이를 알면 서두르지 않게 된다. 늦게라도 꽃을 피울 수 있다는 여유가 생기기 때문이다. 그래서 후반전에도 골이 터지는 중년의 희망은 해질

녘에 꽃을 피우는 박꽃과도 같다.

박꽃은 해가 질 녘에 꽃을 피운다. 옛날 시골에서는 박꽃이 피기 시작하면 저녁밥을 지었다. 현대는 55세에 퇴직을 해도 최소 30년을 살아야 하는 시대이다. 그래서 현대인은 박꽃처럼 늦게 피는 인생을 설계해야 한다.

박꽃을 생각하면 티아레가 떠오른다. 타히티에서 피는 꽃인 티아레는 향기가 무척 좋아 그 향기를 맡은 사람은 아무리 먼 곳을 떠돌더라도 마침내 타히티로 돌아온다는 말이 있다. 박꽃은 향기가 요란하지 않지만 생긴 모습만큼은 티아레와 비슷하다. 그래서 박꽃은 돌아가야 할 고향을 떠올리며 새 출발을 하게 한다. 때문에 중년의 변신은 '청춘의 리메이크'에 머물지 않는 새로운 출발이다.

"별거 아닌 일로 별거를 해보니 별거 아니더라."

인생살이를 이렇게 편하게 말하기까지는 세월의 더께가 필요했다. 그렇듯이 젊음을 부활하는 과정에도 시간이 필요하다.

피카소가 회고전을 열었을 때 한 친구가 그에게 이렇게 말했다.

"자네는 나이를 거꾸로 먹는 것 같아! 나이가 들수록 그림이 젊어지는구먼."

그때 피카소는 이렇게 대답했다고 한다.

"젊어지려면 그만큼 세월이 걸리는 법일세."

최근에 나는 세월이 가면 생각도 젊어진다는 말을 믿기로 했다. 아내의 변신이 그랬기 때문이다. 나는 호기심이 많고 낙천적이고 긍정적인 성격이다. 그런 나는 여행을 즐기면서 현지의 돌을 가져와 모아두기도 했는데 아내는 그런 나를 이상한 사람이라고 했다. 그랬던 아내가 지난 번 내 생일에 특이한 선물을 했다. 오래 만져서 반들반들해진 돌멩이였다. 그것을 주면서 이런 말을 했다. "이 돌멩이 이름은 '감사합니다'예요. 주머니에 넣고 다니면서 만질 때마다 '감사합니다, 감사합니다'라고 말하세요."

돌멩이를 줍는 나를 이상하다고 했던 아내가 나에게 돌멩이 선물을 주다니!

아내는 별거를 하면서 마음속에 있는 무거운 돌을 조금씩 덜어내고 대신에 믿음의 빛을 채워가는 것 같았다. 내가 책을 읽을 때 서슴없이 진동청소기를 돌렸던 사람이 이제 틈날 때마다 책을 보며 성경 공부를 하니 말이다.

얼마 전이었다. 주정연 화백의 성화전시회 겸 백젬마마리 수녀님의 출판기념회(《예수오빠께서 누이야 부르시면》)에 가자고 했을 때 아내는 선뜻 따라나섰다.

행사장에는 여러 손님들과 수녀님들이 오셔서 축하해주었고 명동성당 산타마리아성가대 지휘자이신 임마리아님이 축가를 불러주셔서 기쁨이 두 배로 늘었다. 고운 목소리의 임마리아 님이 72살이라고 자신을 소개하자 참석자들 모두가 깜짝 놀랐다.

서울 올림픽 때 굴렁쇠를 굴렸던 윤태웅 군도 수녀님 원고를 교정한 인연으로 참석하여 자리가 빛이 났다. 윤 군은 1981년 9월 30일 독일 바덴바덴에서 서울올림픽 개최가 확정되던 날 태어난 인연으로 굴렁쇠 소년이 돼 서울올림픽 개막식 때 세계인의 인기를 끌었다. 체육학과를 다니다가 해병대를 전역하고 연극배우로 활동 중인 잘생긴 청년이었다.

나는 수녀님이 64세의 연세임에도 불구하고 영어를 가르치기 위해 멀리 브라질로 4년간 떠나 계실거란 말씀을 듣고 감명을 받았다. 무슨 일이나 감사한 마음으로 따르는 것이 어디 쉬운 일인가?

집으로 돌아오는 차 안에서 나는 기쁜 소식을 들었

다. 고혈압으로 고생하는 아내가 운동과 기도의 힘으로 혈압이 많이 내려갔다는 것이었다. 만날 때마다 약을 늘리자고 했던 의사가 "무슨 일이 있었느냐"고 깜짝 놀랐다고 한다. 아내는 기도와 성경 공부가 건강해진 비결이라고 했다.

나는 아내가 기도를 생활화한다는 말을 듣고 감격했다. 몸이 건강하지 못해 짜증을 일삼던 사람이 빛과 기쁨의 세계로 성큼 걸어가다니! 그런 아내에게 나는 진심으로 축하한다는 말을 해주었다.

토요일 저녁이라 그런지 시내는 차들이 많이 막혔다. 그런데 신기하게도 아내가 기분 좋은 말을 했다.

"차가 막혀서 천천히 가니 대화를 많이 할 수 있어서 좋아요."

아내로부터 "좋다"는 단어를 들은 것이 얼마나 오랜만이었는지. '하나님, 감사합니다'라고 기도하는 순간 갑자기 기적이 벌어졌다. 눈앞에 막혀 있는 수많은 자동차들이 갑자기 푸르고 싱싱한 박들이 되어 주렁주렁 열리고 있었다.

에필로그

중년의 변신은 아름답다

People over forty are responsible for their face.
나이 마흔을 넘은 사람은 자신의 얼굴에 책임을 져야 한다.
_에이브러험 링컨

'청춘은 아름답다.'

이 말은 내가 들었던 가장 큰 거짓말이었다. 청춘이 아름답다고? 차라리 지옥이 황홀하다고 하시지! 어느 주부 모임에서 특강을 하면서 만약 20대로 돌아간다면 무엇을 하고 싶은지 물은 적이 있다. 그때 '진한 사랑을 해보고 싶다', '마음껏 공부를 하고 싶다', '신나게 여행을 다니고 싶다' 등의 답변을 들었다. 만약 청춘이 아름답다면 한국의 중년 부인들이

사랑과 공부와 여행을 하고 싶다는 소망을 품을 이유가 없으리라.

한때 나는 나이 들어가는 상실감을 주체할 수 없었다. 무엇이 나를 허무하게 하는지 곰곰이 따져보니 둘러 가는 길과 시련을 받아들이지 못하는 좁은 마음이 문제였다. 그런데 내가 사랑과 공부와 여행에서 평균 이상의 축복을 누렸음을 알고 별거라는 변곡점을 넘으면서, 묵은 감정의 고개를 넘어 시원한 바람을 쐴 수 있었다.

내가 맞은 시원한 바람은 무엇일까? 둘러 가는 길이 '용틀임 성공'이 되고, 시련이 남산 위를 날아오르는 솔개의 눈을 만들고, 쭈그렁바가지가 버들잎을 띄우는 마음의 그릇이 된다는 변신의 기쁨이었다. 아내마저 설득하지 못한 내가 무슨 큰일을 하겠느냐고 여겼던 내가 큰일은 하나님 뜻대로 이루어진다는 섭리도 알았다. 마침내 나는 나이 든다는 것의 아름다움을 예찬하게 되었고, 중년을 준비해야 하는 사람들에게 5가지 길과 5단계의 마음을 소개하기로 했다.

40대는 서른에서 10년이 지난 나이다. 그러니 제 눈으로 세상을 제대로 보기 시작한 나이로 치면 열

살에 불과하다. 열 살의 나이는 앞으로 달리려는 욕망이 넘쳐 주변을 바라보기 어려운 나이다. 어느 정도 실력과 자신감이 붙었으니 유혹도 많다. 그래서 공자는 불혹이라는 말로 감정 통제를 권했다. 그 뜻은 '쉼표'를 즐기며 새로운 '느낌표'를 열라는 것이다.

작가 김 훈은 《칼의 노래》를 쓰면서 여섯 개의 치아를 잃었다고 한다. 하나씩 빠지는 치아를 쓰레기통에 던지면서 이를 악물고 썼다고 한다. 그렇게 빠지고도 악물 이가 있었다니! 중년의 거듭남에 대해 나는 이미 《후반전에도 골은 터진다》를 선보인 바 있다. 그것까지 포함해 지금까지 나는 네 개의 치아를 잃었다. 양치질을 하다가 맥없이 빠지는 치아! 그것을 보면 나에게 허락된 건강과 세월이 그리 많지 않다는 섬뜩함을 느낀다.

중년을 바라보거나 아직은 40대인 당신이여! 앞으로의 10여 년쯤 되는 시간들이 그대에게 나처럼 황당한 경험을 선사할 것이다. 아니라고 부정하고 싶으시겠지. 나도 그랬으니까. 내가 마흔을 맞을 때에는 나를 위해 그런 말을 해주는 사람이 없었다. 그래서 나는 당신에게 내 알몸을 보여주려고 했다.

최근에 '지속 가능 사회를 위한 경제 연구소'가 현대 리서치에 의뢰해 행복 점수를 조사한 적이 있다. 그 결과를 보면 우리나라 성인은 여자가 남자보다 행복 점수가 높고 연령별로 보면 나이가 들수록 점수가 낮아진다.

선진국은 40대 중반에 행복 점수가 바닥을 치고 나이가 들면서 상승하는 U자형 곡선을 그린다. 그런데 우리나라는 나이가 들수록 행복도가 낮아지는 우하향 직선이다. 이런 현상은 무엇을 의미하는가? 급격한 노령화 사회를 맞으면서 개인이 적응을 못하는 면도 있겠지만 사회 전체가 노인의 행복을 외면하고 있음을 반영하고 있다. 이제 행복하게 나이가 든다는 것은 국가적인 과제가 될 만큼 중요한 일이 되었다.

무조건 일만 했던 사람들에게 무슨 희망을 줄 것인가? 그런 의문 역시 내가 이 글을 쓴 계기였다. 의욕만큼 많은 얘기를 담지 못했지만 나부터 솔직하게 고백하는 것이 행복 운동의 시작이라고 보았다.

나의 고백은 잠시 쉬면서 거울 앞에 앉아보라는 달빛 유혹이고 싶었다. 두 눈에 불을 켜고 성공을 추적하는 것을 잠시 접고 행복의 커튼을 열자는 속삭

임이고 싶었다. 나는 이 책이 우물물을 찰랑찰랑 끌어올리듯이 깊은 속울음을 찾아주는 두레박이 되기를 바란다.

못다 한 이야기는 덩실 떠오르는 보름달 마음을 전하는 마종기 시인의 〈박꽃〉으로 대신한다.

그날 밤은 보름달이었다.
건넛집 지붕에는 흰 박꽃이
수없이 펼쳐져 피어 있었다.
한밤의 달빛이 푸른 아우라로
박꽃의 주위를 감싸고 있었다.
—박꽃이 저렇게 아름답구나.
—네.
아버지 방 툇마루에 앉아서 나는 한마디,
얼마나 또 오래 서로 딴생각을 하며
박꽃을 보고 꽃의 나머지 이야기를 들었을까.
—이제 들어가 자려무나.
—네, 아버지.
문득 돌아본 아버지는 눈물을 닦고 계셨다.

오래 잊었던 그 밤이 왜 갑자기 생각났을까.
내 아이들은 박꽃이 무엇인지 한번 보지도 못하고

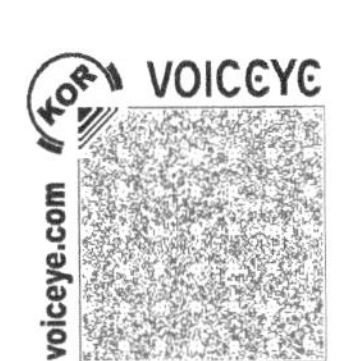

하나씩 나이 차서 집을 떠났고
그분의 눈물은 이제야 가슴에 절절이 다가와
떨어져 있는 것이 하나 외롭지 않고
내게는 귀하게만 여겨지네.

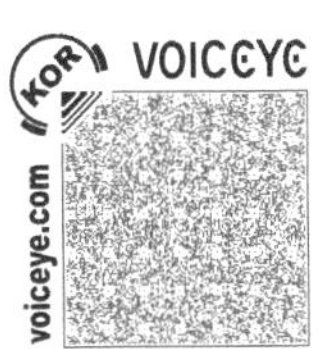

쉼표, 중년에게 말을 걸다 [큰글자도서]

초판발행 : 2010년 2월 22일
지 은 이 : 서정희
발 행 처 : BF북스
발 행 인 : 김동복
주 소 : 서울시 성동구 아차산로17길 57 일신건영휴먼테코 1203호
전 화 : 02-3426-7511
팩 스 : 02-3426-7502
전지우편 : kbraillc@naver.com
홈페이지 : www.kbraille.net

ISBN 978-89-93793-76-5

잘못된 책은 바꾸어 드립니다. 값은 뒤표지에 있습니다.